FACULTÉ DE DROIT DE L'UNIVERSITÉ

SUR

LE SÉNAT DES ÉTATS-UNIS

DE L'AMÉRIQUE DU NORD

THÈSE POUR LE DOCTORAT

L'ACTE PUBLIC SUR LES MATIÈRES CI-DESSUS

sera présenté et soutenu le Jeudi 25 Janvier 1900 à 2 heures 1/2

PAR

A. LELIÈVRE

Président : M. WEISS, *professeur.*
Suffragants { MM. LESEUR, *professeur.*
CHÉNON, *professeur.*

PARIS

LIBRAIRIE DE LA SOCIÉTÉ DU RECUEIL GÉNÉRAL DES LOIS ET DES ARRÊTS
ET DU JOURNAL DU PALAIS
Ancienne Maison L. LAROSE et FORCEL
22, rue Soufflot, 22
L. LAROSE, Directeur de la Librairie
1900

THÈSE

POUR

LE DOCTORAT

La Faculté n'entend donner aucune approbation ni improbation aux opinions émises dans les thèses ; ces opinions doivent être considérées comme propres à leurs auteurs.

SUR

LE SÉNAT DES ÉTATS-UNIS

DE L'AMÉRIQUE DU NORD

THÈSE POUR LE DOCTORAT

L'ACTE PUBLIC SUR LES MATIÈRES CI-DESSUS

sera présenté et soutenu le Jeudi 25 Janvier 1900 à 2 heures 1/2

PAR

A. LELIÈVRE

Président :   M. WEISS, *professeur.*
Suffragants {   MM. LESEUR, *professeur.*
              CHÉNON, *professeur.*

PARIS

LIBRAIRIE DE LA SOCIÉTÉ DU RECUEIL GÉNÉRAL DES LOIS ET DES ARRÊTS
ET DU JOURNAL DU PALAIS
Ancienne Maison L. LAROSE et FORCEL
22, rue Soufflot, 22
L. LAROSE, Directeur de la Librairie
1900

INTRODUCTION

RAISONS DE LA CRÉATION DU SÉNAT

Avant d'entrer dans l'étude détaillée du Sénat des Etats-Unis, nous rechercherons tout d'abord les motifs de sa création.

Hamilton nous les expose dans cinq lettres parues dans le *Fédéraliste* sous forme de réponses à des objections : ces motifs, au nombre de cinq, sont les suivants :

1° Modérer l'action trop puissante d'une Chambre unique et se garantir ainsi des accès de passion ou des changements subits d'opinion dans le peuple ;

2° Créer une assemblée ayant l'autorité suffisante par le nombre restreint de ses membres et par leur expérience, pour donner des conseils au Président et le mettre en échec dans l'exercice de ses pouvoirs de nomination aux fonctions publiques comme dans la conclusion des traités ;

3° Fonder une assemblée composée d'hommes assez

Lelièvre. 1

expérimentés, nommés pour une durée assez longue, et assez indépendants du peuple pour constituer un élément de stabilité dans le gouvernement de la nation, lui permettre de conserver ainsi aux yeux des puissances étrangères son caractère et de suivre à l'intérieur aussi bien qu'à l'extérieur une politique constante;

4° Assurer l'esprit d'indépendance dans les différents Etats en donnant à chacun d'eux, aux plus petits comme aux plus grands, une égale représentation dans une des Chambres du Gouvernement national;

5° Etablir une Cour de justice spéciale aux mises en accusation.

A ces cinq raisons données par Hamilton, ajoutons-en une sixième; les précédents historiques.

Le premier motif était, avons-nous dit, de modérer l'action trop puissante d'une Chambre unique. La première question qui se posait à la Convention de Philadelphie était de savoir si le pouvoir législatif serait attribué à deux Chambres ou à une seule. Disons tout de suite que ce problème si important de dualité ou d'unité du pouvoir législatif qui s'est posé dans toutes les constitutions, a été, de la part des Américains, l'objet d'une prompte et satisfaisante solution.

Les colonies anglaises d'Amérique, après avoir brisé toute attache avec la métropole et s'être érigées en Etats libres et indépendants, par la déclaration du 4 juillet 1776, divisèrent leur pouvoir législatif en deux corps : le Sénat et la Chambre des représentants. Cette décision était due en grande partie à l'exemple du régime anglais et aux vieilles traditions britanniques, inculquées depuis longtemps aux colonies américaines. Seule, la Constitution de Pensylvanie avait fait échec à cette règle et concentré le pouvoir législatif aux mains d'une seule assemblée : cette innovation ne tarda pas à faire apparaître aux yeux de tous les dangers d'une Chambre unique : celle-ci tendit, en effet, à concentrer tous les pouvoirs entre ses mains, s'immisça dans les fonctions exécutives, les usurpa, tenta d'asservir les juges en modifiant leur salaire et précipita son action législative ; c'est ce que constata le Conseil des Censeurs convoqués en 1783 et 1784 : une partie des attributions de ce Conseil était, en effet, de rechercher si la Constitution avait été maintenue dans toute sa pureté (1).

Après cette première expérience, les législateurs de Pensylvanie abandonnèrent du reste le système de l'unité de Chambre. Ils adoptèrent le principe de la dualité, admis, comme nous l'avons dit, dans toutes les autres colonies.

Si ce principe fut admis immédiatement au sein de chaque colonie, il faut reconnaître qu'il n'en fut pas de même dans la rédaction des « articles de Confédération et d'Union perpétuelle » adoptés par le Congrès de Philadelphie en novembre 1777 et ratifiés par les Etats le 9 juillet 1778. L'article 5 concentrait en effet tout le

1. Morisot-Thibault, *De la formation du pouvoir législatif dans la Confédération des Etats-Unis de l'Amérique.*

gouvernement dans une assemblée unique appelée Congrès.

Ce Congrès possédait, sans contrepoids aucun, tous les pouvoirs, législatifs, exécutifs, judiciaires. Mais hâtons-nous d'ajouter que cette décision, absolument contraire aux habitudes des colons qui considéraient le régime de la dualité et la séparation des pouvoirs comme la clef de la liberté, ne fut que provisoire : ce Congrès, du reste, n'était pas à proprement parler une assemblée législative, c'était plutôt une réunion d'ambassadeurs, de délégués des diverses colonies, chargés de pourvoir à la défense commune dans la guerre engagée avec la métropole.

La guerre terminée, les vices d'organisation de ce Congrès éclatèrent à tous les yeux et une Convention se réunit à Philadelphie, le 14 mai 1787, pour procéder à une organisation nouvelle (1).

La première pensée de cette Convention fut d'attribuer, à l'exemple de ce qui se passait au sein de chaque colonie, le pouvoir législatif à deux Chambres. « Depuis « cinq cents ans, dit Curtis, les Américains avaient « appris, par leurs ancêtres ou par eux-mêmes, que l'exis-« tence d'une Chambre unique est peu favorable à la « confection de bonnes lois et à la liberté ». La nécessité d'une seconde Chambre était reconnue par la presque totalité des membres de la Convention. Quant aux rai-

1. Seul, le Rhode-Island ne prit pas part aux travaux de la Convention.

sons théoriques alléguées alors en faveur de la double
représentation législative, elles ne sembleraient plus
aujourd'hui très neuves : des discussions de toute
nature ont, en effet, presque épuisé le sujet.

« Le régime de l'Assemblée unique, disait-on, réunit
« les défauts et les dangers extrêmes des plus mauvaises
« formes de gouvernement, l'anarchie et le despotisme,
« la faiblesse et la cruauté, les complaisances à l'égard
« des favoris et l'injustice envers les citoyens. Aucune
« combinaison politique ne sert mieux les projets
« égoïstes des petis groupes d'intrigants ; nulle autre
« ne facilite davantage les menées occultes et les des-
« seins pernicieux d'une oligarchie irresponsable ou les
« artifices des démagogues hypocrites et corrompus. A
« un point de vue général, les actes législatifs attei-
« gnent les intérêts les plus complexes et parfois les
« plus difficiles à concilier. Quelques précautions qui
« soient supposées prises, les lois humaines restent si
« imparfaites par nature, elles contiennent tant de prin-
« cipes douteux, qu'on ne saurait imaginer trop de
« moyens pour éveiller les scrupules des législateurs,
« pour multiplier les enquêtes, les débats approfondis
« et contradictoires. Enfin, ce qui paraît l'argument
« décisif, si la puissance législative se concentre dans
« une seule Chambre, toutes les restrictions constitu-
« tionnelles destinées à limiter l'action parlementaire
« se trouvent supprimées du même coup » (1).

1. De Noailles, *Cent ans de République*, t. 1, p. 235.

« Quand une assemblée unique, disait le juge Wilson,
« est résolue à s'écarter des règles prescrites par la
« Constitution, aucune autorité légale n'existe qui soit
« capable de s'y opposer et ses rapides empiétements
« peuvent être poussés si loin, qu'il n'y ait plus d'autre
« ressource que la révolution pour arrêter sa marche
« envahissante ».

Cependant Condorcet, dans ses lettres à un citoyen de
la Virginie et Turgot, dans sa célèbre lettre au docteur
Price (22 mars 1778), invitaient les Américains à confier
la puissance législative à une seule assemblée.

« Je ne suis pas content, disait Turgot, des constitutions
« qui ont été rédigées jusqu'à présent par les différents
« Etats américains. Dans le plus grand nombre, j'y vois
« l'imitation sans objet des usages de l'Angleterre. Au
« lieu de ramener toutes les autorités à une seule, celle
« de la nation, l'on établit des corps différents : un corps
« de représentants, un conseil, un gouverneur parce que
« l'Angleterre a une Chambre des communes, une Cham-
« bre haute et un roi. On s'occupe à balancer ces diffé-
« rents pouvoirs, comme si cet équilibre de forces qu'on a
« pu croire nécessaire pour compenser l'énorme prépondé-
« rance de la royauté, pouvait être de quelque usage dans
« les républiques fondées sur l égalité de tous les citoyens,
« et comme si tout ce qui établit différents corps n'était
« pas une source de divisions. En voulant prévenir des
« dangers chimériques, on en a fait naître de réels ».

John Adams répondit à Turgot par un ouvrage publié

en 1787 et intitulé « Défense des contributions des Etats-
Unis » ; il y démontre qu'il n'y a eu de liberté que dans
les pays où le pouvoir législatif a été divisé.

Le système de la double réprésentation comptait également quelques adversaires de marque à la Convention
de 1787. Patterson, l'un des délégués du New-Jersey,
s'écriait : « Qu'est-il besoin de deux branches de législa-
« ture ? Est-ce pour que l'une fasse échec à l'autre ? Ce
« n'est point ici le cas. Dans le jeu des institutions
« d'Etat où les partis peuvent céder à des entraîne-
« ments, ce tempérament est admissible. Il en est autre-
« ment pour le Congrès. Les délégations des divers
« Etats sont autant de contrepoids les unes pour les au-
« tres. Aucun autre mode de pondération n'est néces-
« saire ».

Franklin s'élevait également avec violence contre le
système de la dualité. On raconte même qu'invité un
jour à déjeuner chez Washington, il lui reprochait d'avoir
consenti à l'établissement d'une Chambre haute : il com-
parait une législature divisée en deux Chambres à un
chariot tiré en sens inverse par deux mules, ce qui intro-
duisait dans la législation une immobilité rendant toute
réforme et tout progrès impossibles. Comme il rejetait à
ce moment dans sa soucoupe le café qui venait de brû-
ler ses lèvres : « Dites-moi, repartit Washington, pour-
« quoi versez-vous votre café de la tasse dans la sou-
« coupe ? — Pour le refroidir, je le trouve trop chaud.
« — Eh bien, nous ne faisons pas autre chose : nous ver-

« sons les actes législatifs dans la soucoupe sénatoriale
« qui leur sert de réfrigérant. Vous me demandiez un ar-
« gument en faveur des deux Chambres, vous venez de
« me le fournir. Le Sénat est le lieu où se refroidit la
« passion trop brûlante de la première assemblée ».

Les délégués américains ne se laissèrent convaincre ni
par Franklin, ni par Patterson. En effet, ce fut à la presque unanimité qu'ils adoptèrent la proposition tendant à
rétablir une législature composée de deux Chambres : le
premier paragraphe de la Constitution fédérale porte en
effet que le Congrès des Etats-Unis se compose d'une
Chambre des représentants et d'un Sénat. (Chap. I, section I, art. I).

Les Américains ont donc créé le Sénat, parce qu'ils ont
compris que l'institution d'une Chambre haute était le
seul moyen de mettre un frein aux passions souvent violentes d'une assemblée unique et d'assurer à la rédaction
des lois une forme plus nette et plus réfléchie.

« La nécessité de deux Chambres, écrit Bryce dans
« son étude sur la grande république transatlantique,
« est devenue en Amérique un axiome de la science po-
« litique : elle est fondée sur la croyance que la ten-
« dance innée de toute assemblée à devenir hâtive,
« tyrannique et corrompue, doit être réprimée par l'exis-
« tence d'une autre Chambre égale en autorité. Les
« Américains restreignent leurs législatures en les divi-
« sant, exactement comme les Romains restreignirent

« leur exécutif en remplaçant un roi par deux con-
« suls » (1).

Tel est donc le premier motif qui a poussé les Américains à établir une Chambre haute.

Une deuxième raison résidait dans la nécessité de
créer une assemblée ayant l'autorité suffisante pour donner des conseils au Président et le mettre en échec dans
l'exercice de ses pouvoirs de nomination aux fonctions
publiques et dans la conclusion des traités. Ce sont là,
en effet, deux attributions trop importantes pour les confier à un seul homme. Il était à craindre que le Président, se souciant peu des capacités individuelles, ne
nommât aux fonctions publiques que ses créatures et ses
protégés : d'autre part, les traités, engageant la nation
tout entière, demandaient au moins pour leur conclusion l'assentiment des représentants des Etats-Unis.

Les membres de la Chambre des représentants étaient
trop nombreux et leur expérience individuelle insuffi-
sante pour qu'on leur confiât ce double rôle de conseiller
du Président. Une assemblée telle que le Sénat, au contraire, réunissait toutes les conditions nécessaires pour
exercer ces fonctions avec compétence et autorité. Le
nombre restreint de ses membres, leur capacité, leur
expérience, la longue durée et le mode de renouvellement
de leur mandat, étaient, comme nous le verrons par
la suite, autant de garanties absentes dans la Chambre
des Représentants.

1. Bryce. *The American Commonvealth,* tome 1, page 461.

Il fallait, en troisième lieu, fonder une assemblée capable de constituer dans le gouvernement de la nation un certain élément de stabilité, lui permettant ainsi de conserver aux yeux des puissances étrangères son caractère et de suivre à l'intérieur comme à l'extérieur une politique constante.

Le tempérament versatile et impétueux de la Chambre populaire lui interdisait ce rôle. Seule une assemblée telle que le Sénat, pouvait assurer la constance nécessaire en politique.

La nécessité, dans un état fédératif, de donner aux Etats le composant une représentation spéciale et indépendante de leur étendue et de leur densité, constituait une quatrième raison en faveur de la création du Sénat américain. Tandis que la Chambre représenterait le peuple des Etats-Unis, le Sénat serait la représentation des Etats particuliers, considérés comme individualités distinctes.

Les petits Etats, qui ont les mêmes droits que les grands, n'envoyant à la Chambre populaire qu'un nombre de délégués restreint, se seraient vus placés dans un état d'infériorité manifeste : il fallait donc rétablir l'équilibre en créant une deuxième Chambre où tous les Etats, quels qu'ils fussent, seraient également représentés.

Ce principe pourtant ne fut pas admis sans difficultés. Hamilton, admirateur déclaré de la Constitution anglaise, demandait que le Sénat américain représentât la

propriété foncière, dont la participation au gouvernement lui semblait indispensable pour défendre les intérêts agricoles et contrebalancer les intérêts rivaux. Cette
organisation rappelait celle de la Chambre des lords
en Angleterre.

La proposition d'Hamilton parut entachée d'aristocratie
aux délégués de la Convention de Philadelphie et fut
écartée presque sans discussion. Il convient toutefois de
remarquer en passant que cette idée, écartée pour le
Sénat, fut appliquée, sous une forme indirecte, il est
vrai, à l'organisation de la Chambre des représentants :
la clause édictant que les deux tiers des esclaves seraient
évalués dans le total de la population, proportionnellement à laquelle étaient répartis les sièges des représentants, donnait en effet aux propriétaires d'esclaves un
privilège constituant une véritable représentation de la
propriété.

Le projet d'Hamilton écarté, on proposa de donner à
chaque Etat, au sein de la Chambre haute, une représentation basée sur la population. Cette proposition, soute-
nue par les délégués des grands Etats, réduisait à néant
le principe de l'égalité de représentation. A quoi bon, en
effet, créer une deuxième Chambre, représentative des
Etats, si les sièges y étaient répartis comme dans la
Chambre populaire? Aussi les délégués des petits Etats
combattirent-ils énergiquement cette motion et réclamè-
rent-ils avec insistance que le Sénat se composât d'un
nombre égal de délégués par Etat. S'il en était autrement,

disaient-ils, les petits Etats, ne pouvant élire qu'un nombre de délégués très restreint, perdraient, dans la Chambre haute comme dans la Chambre populaire, leur autonomie et leur personnalité ; en donnant les mêmes raisons, ils en vinrent à réclamer de la même manière l'égalité au sein de la Chambre basse. De vives protestations s'élevèrent ; c'était, disait-on, donner à la minorité une influence égale à celle de la majorité.

Suivant la coutume américaine en pareil cas, on nomma un comité de conciliation qui proposa la proportionnalité pour les représentants et l'égalité complète pour les sénateurs. Après de nouveaux débats, la majorité de la Convention finit par se rallier à ce compromis.

Story s'est efforcé de prouver par d'ingénieux raisonnements que la transaction adoptée définitivement était le seul moyen de conserver l'harmonie nécessaire entre les diverses parties de l'Union. Selon lui, le pouvoir législatif d'une Confédération telle que les Etats-Unis devait non seulement s'exercer au nom de la souveraineté collective des citoyens, mais encore au nom de la souveraineté individuelle des Etats particuliers. Ces deux conditions se trouvaient remplies par le système adopté, la première par la Chambre des représentants élus proportionnellement à la population, la seconde par le Sénat, organisé sur la base de l'égalité parfaite entre les Etats. Aucune loi ne serait imposée aux Etats-Unis sans la double épreuve de l'adoption par la majorité du peuple, représentée par la Chambre et par la majorité des Etats représentée par le

Sénat fédéral. Cette thèse, juste d'ailleurs, fût assez goûtée des Américains, qui ont à un très haut degré le respect des minorités.

Quoi qu'il en soit, ce système présentait un double avantage : les grands Etats pouvaient se développer librement sans absorber les petits ; les premiers soutenaient leurs intérêts dans l'une des deux Chambres ; les seconds défendaient les leurs dans l'autre. C'est ce qui a fait dire à M. Morizot-Thibault : « Les Américains intro-« duisirent ainsi dans la politique un système nouveau « qui constitua l'une des plus belles découvertes des « temps modernes, plaçant le droit de la minorité à côté « de celui de la majorité, l'idée de justice à côté de celle « de l'égalité ».

Cette égalité de représentation dans la Chambre haute, système que toutes les constitutions fédérales ont adopté du reste, sauf celle de l'Allemagne, est devenue un axiome si essentiel aux Etats-Unis qu'elle a été mise en dehors de toute révision constitutionnelle: il est interdit de l'enlever à un Etat sans son consentement (ch. 5, article *in fine*).

Remarquons, en passant, qu'en France c'est de ce système d'égalité de représentation que s'inspirait M. Dufaure quand, dans le projet de loi sur l'organisation et les attributions des pouvoirs publics déposé à l'Assemblée nationale en 1873, il proposait d'attribuer à chaque département français, quelle que fût sa population, le même nombre de sénateurs. M. Dufaure oubliait que ce système, qui découle du caractère propre aux Etats fédératifs, n'a pas de raison d'être dans un pays unitaire comme le nôtre, qu'il n'y a aucune analogie entre les Etats dont la réunion forme la fédération et les divisions artificielles et purement administratives que sont nos départements français.

Il ne nous reste plus à exposer que la cinquième et dernière raison de la création du Sénat aux Etats-Unis. Il était nécessaire de créer dans la Confédération une Haute Cour de justice destinée à connaître des crimes et délits politiques.

Les constituants de Philadelphie hésitèrent longtemps avant de confier au Sénat les pouvoirs judiciaires qu'il possède aujourd'hui. Certains d'entre eux faisaient remarquer que le Sénat serait, dans certains cas, juge et partie dans la même affaire ; il en serait ainsi notamment lorsque le président des Etats-Unis serait décrété « d'impeachment » par la Chambre des représentants; le procès qui s'engagerait alors contre lui aurait évidemment pour cause, dans la plupart des cas, un conflit entre lui et le Congrès. D'autre part, confier ce genre de procès à la juridiction de la Cour suprême n'aurait fait qu'aggraver ces inconvénients. La plupart de ses membres ne doivent-ils pas en effet leurs sièges au président ? Comment, en cas de procès contre lui, auraient-ils pu rendre une sentence impartiale ?

Il ne restait qu'une solution. C'était de créer de toutes pièces un tribunal spécial chargé de juger les cas « d'im-

peachment » : mais la grosse difficulté était de savoir qui
on désignerait pour le composer. Les périls signalés plus
haut se représentaient avec la même force.

On finit par abandonner ce projet et les constituants
s'arrêtèrent au choix du Sénat, à l'exemple de la Chambre
des lords, investie de prérogatives analogues, mais surtout pour des motifs empiriques, au dire des commentateurs, et, en désespoir de cause, parce qu'aucun corps
constitué ne réunissait les conditions nécessaires.

En faveur de ce choix, on fit remarquer que l'âge et le
mode d'élection des sénateurs, la durée de leur mandat,
leur expérience et leur sagacité, seraient autant de garanties de leur impartialité et de leur sang-froid. D'autre
part, l'exercice des fonctions exécutives que le Sénat
était appelé à remplir, augmenterait sa compétence et,
en l'associant à l'œuvre du président, le mettrait plus à
même d'apprécier les fautes par lui commises. Enfin, le
Sénat compterait certainement dans son sein d'anciens
magistrats ou jurisconsultes dont les lumières et les
capacités spéciales, autant que l'impartialité habituelle,
suppléeraient à l'insuffisance juridique de leurs collègues.

Quoi qu'il en soit, il faut reconnaître que les constituants, restés soupçonneux à l'égard du Sénat, malgré
les arguments que nous venons de rapporter, semblent
s'être préoccupés, comme nous le verrons plus tard,
moins d'armer le juge que de protéger l'accusé. Ils n'ont
donné, avant tout, au Sénat que le droit de juger,

réservant à la Chambre des représentants le pouvoir de mise en accusation.

Il faut remarquer cependant que la même disposition se trouvait à l'époque dans la Constitution anglaise où la Chambre des Communes porte l'accusation, tandis que la Chambre des lords est investie du droit de juger. Peut-être est-ce là la cause unique et directe de la disposition analogue adoptée en Amérique.

Des développements qui précèdent, il résulte que le Sénat est un corps essentiellement pondérateur, représentant l'autonomie des Etats particuliers dans l'exercice du pouvoir fédéral. Cette double idée explique son mode de recrutement et ses attributions. Historiquement le Sénat américain se rattache au Conseil des gouverneurs des colonies anglaises de l'Amérique du Nord.

Nous allons reprendre et développer ces idées en étudiant :

1° Les conseils des gouverneurs.

2° Le mode de recrutement du Sénat actuel.

3° Ses attributions.

CHAPITRE PREMIER

HISTORIQUE. — CONSEILS DES GOUVERNEURS

Les colonies américaines se divisaient en trois catégories : les colonies royales, les colonies de propriétaires et les colonies de charte.

Les premières appartenaient directement à la couronne d'Angleterre qui avait cédé à des concessionnaires ses droits sur les secondes ; quant aux dernières, les colonies de charte, elles étaient sous la dépendance immédiate du peuple.

Habituées de bonne heure à la vie politique et parle-mentaire, ces colonies s'étaient rapidement constitué, en regard du gouverneur chef du pouvoir exécutif et toujours nommé par la couronne, des autorités locales destinées, soit à renforcer et à aider le pouvoir exécutif, soit à contrebalancer l'influence excessive de la métropole : ces autorités avaient été créées sous forme de Chambres représentatives ; le Conseil des assistants et la Chambre des représentants.

Nous nous occuperons ici exclusivement du Conseil des assistants qui, seul et en partie tout au moins, a donné naissance au Sénat américain actuel.

Dans chaque colonie, à côté du gouverneur nommé par la métropole et des fonctionnaires qui, sous ses ordres. faisaient exécuter les lois, existait une Assemblée portant le nom de Conseil provincial ou bien encore de Conseil des assistants ou tout simplement de Conseil. Son cachet original était sa situation mixte. Ses attributions, en effet, étaient à la fois exécutives, législatives et judiciaires. Ses attributions exécutives, disons-le tout de suite, étaient de beaucoup les plus importantes : peut-être furent-elles même les seules que le Conseil possédât à son début : mais sur ce point les rôles ne sont pas rigourcment définis.

Tantôt ce Conseil paraît institué afin de fortifier l'autorité exécutive ; tantôt, au contraire, il semble n'être placé à côté du gouverneur que pour contrôler son administration et restreindre sa puissance. Ne reconnaît-on pas là précisément le double caractère du Sénat actuel de l'Union, faisant partie du pouvoir législatif, à titre de Chambre délibérante et se rattachant au pouvoir exécutif, en qualité de collaborateur du Président, pour la nomination des hauts fonctionnaires fédéraux et la signature des traités diplomatiques ?

Quelle était la composition de ce Conseil ?

Le nombre de ses membres était très variable, suivant les colonies, et souvent, dans la même colonie, l'absence de règles stables et précises eut pour résultat de modifier sa composition et son effectif.

Seules les provinces royales paraissent avoir eu à ce

sujet un principe commun. Leur conseil se composait,
en général, de quatorze membres : douze d'entre eux
portaient le nom de conseillers ordinaires, deux autres
celui de conseillers extraordinaires : ces deux derniers se
nommaient, d'une façon plus précise, l'un surintendant
pour les affaires indiennes, l'autre inspecteur général des
douanes. Quoi qu'il en soit, et malgré ce principe admis,
il convient de dire que, quelquefois, dans la même colonie, le nombre des membres du conseil varia au gré du
roi d'Angleterre.

Rien de plus variable également que le mode de leur
élection : nous le voyons se modifier dans les mêmes
provinces, selon les époques ou selon les changements
apportés par le temps aux relations de la métropole
avec ses possessions coloniales.

Au début, les chartes octroyées par la couronne d'Angleterre à ses colonies désignaient parfois les personnes
devant composer le premier conseil : parfois, elles n'en
désignaient qu'une partie, laissant soit au gouverneur,
soit au peuple, soit aux propriétaires, soit même encore
au roi d'Angleterre, le soin de compléter l'effectif du
Conseil.

Souvent aussi, dans la même colonie, deux autorités
contribuaient à cette élection : les propriétaires, par
exemple, nommaient la première moitié des conseillers,
et le peuple l'autre moitié. Cependant le cas le plus fré-
quent était la nomination émanant d'une seule source ;

suivant les colonies, le peuple, l'Assemblée législative, les propriétaires, le gouverneur ou le roi.

On peut dire que ce n'est que vers la fin de la période coloniale que trois procédés d'élection paraissent avoir été mis en vigueur. Le roi d'Angleterre nommait les conseillers dans les provinces royales, en désignant, dans les instructions remises au gouvernement à son entrée en charge, les personnes appelées à l'assister.

Dans les colonies de propriétaires, la nomination appartenait aux propriétaires et dans les colonies de charte au peuple; une seule colonie de charte, celle du Massachussets, paraît avoir échappé à ces règles générales : en effet, c'était l'Assemblée législative et non le peuple, qui y faisait choix des conseillers.

Les textes spéciaux à chaque colonie y réglaient le mode et le lieu de l'élection, la majorité à obtenir, les qualités requises des électeurs et des élus.

En Pensylvanie, par exemple, où le peuple nommait les conseillers, la charte de 1682 ordonnait que le temps et le lieu de l'élection fussent les mêmes que pour l'élection législative : elle imposait le vote par bulletins et la majorité relative; elle exigeait des électeurs et des élus, clause admise du reste depuis longtemps déjà dans presque toutes les colonies, la qualité de « *freemen* », c'est-à-dire de citoyens libres ; il fallait de plus, en général, que les conseillers satisfissent aux mêmes conditions d'aptitude que les membres de la Chambre des représentants.

Partout, à leur entrée en charge, les conseillers devaient prêter un serment spécial : ils juraient que, Dieu aidant, ils allaient rendre justice à tous les sujets du roi habitant la colonie, accomplir fidèlement « de leur mieux » leur mandat, ne craindre, ne haïr, ne fa-favoriser personne, et « ne révéler ni directement, ni indirectement les délibérations secrètes ».

Remarquons qu'aujourd'hui encore les sénateurs américains prêtent serment lorsque le Sénat est réuni en haute Cour de justice, et qu'ils ne doivent sous peine d'expulsion, révéler en aucune façon ce qui se passe dans leurs séances secrètes.

Quelle était en général la durée du mandat de conseiller ? Il est impossible de donner une réponse nette, les chartes qui déterminaient cette durée, ne la fixant pas toutes de la même façon.

Les unes prescrivaient une durée d'un an, les autres de trois ans. Ces dernières déterminaient en même temps le mode de renouvellement du Conseil. Elles divisaient les conseillers en trois catégories : la première devait accomplir au début une période d'un an, puis être soumise à la réélection : la seconde une période de deux ans, enfin la dernière une période de trois ans. Ce mode de renouvellement existe encore du reste pour le Sénat américain : la seule différence consiste en ce que le mandat de sénateur est de six ans au lieu de trois.

Si des vacances venaient à se produire avant l'expiration du mandat, on les remplissaient suivant la coutume du lieu et du temps. Tantôt c'était le roi qui pourvoyait à la vacance; tantôt, et en son lieu et place, c'était le gouverneur dont le choix ne devenait définitif qu'après approbation et ratification du roi. Dans les provinces autres que les provinces royales, c'était en général l'Assemblée législative qui remplaçait les conseillers manquants par suite de vacances.

En résumé, on peut dire qu'à la fin de la période coloniale, le droit de pourvoir aux vacances appartenait presque toujours à l'autorité qui avait celui de nommer et de révoquer les conseiller, c'est-à-dire au roi dans les provinces royales, et dans les colonies de propriétaires ou de charte, à l'Assemblée législative exerçant ce droit, soit au nom des propriétaires, soit au nom du peuple.

Les chartes peu nombreuses d'ailleurs — il y en avait cinq ou six, qui fixaient le temps et le lieu des réunions du Conseil, — le faisaient toutes d'une façon différente. L'une, par exemple, prescrivait une réunion du Conseil au moins une fois par mois, sans préjudice bien entendu des sessions qu'il croyait devoir tenir en dehors de cette réunion obligatoire. Une autre laissait aux conseillers eux-mêmes le soin de fixer, avec l'assentiment du gouverneur ou de son représentant, le temps et le lieu des sessions. Une troisième prescrivait au conseil de tenir ses sessions en même temps que celles de l'Assemblée législative : cette dernière avait sans doute plus spécialement trait aux fonctions législatives du Conseil. Une quatrième enfin, celle du Massachussets, donnait au gouverneur le droit de réunir le Conseil aux lieu et temps qu'il jugerait convenables.

Cette dernière règle finit, du reste, par se généraliser et devint de mode dans presque toutes les colonies, en tout cas sûrement dans les provinces royales : de plus, le Conseil, en dehors de ces sessions prescrites par le gouverneur, en arriva à se reconnaître peu à peu le droit de se convoquer lui-même librement et de se réunir suivant le bon plaisir de ses membres.

La présidence du conseil siégeant en session exécutive revenait naturellement de droit au gouverneur chef du pouvoir exécutif, qui, en cas d'empêchement, se faisait ordinairement remplacer par le plus ancien conseiller... Le président, quel qu'il fût, avait voix prépondérante au cas de partage : quelques chartes allaient même jusqu'à lui octroyer deux et même trois suffrages pour toutes les délibérations sans distinction.

Suivant les colonies et le nombre plus ou moins grand des conseillers, les chartes exigeaient en général la présence d'un certain nombre de membres pour la validité des délibérations. En Pensylvanie, par exemple, où le conseil se composait de 72 membres, la charte exigeait, en 1696, la présence de 24 conseillers, soit un tiers de tout le conseil, si la délibération ne portait que sur les affaires ordinaires et au moins les deux tiers, si elle comportait des matières particulièrement importantes, comme l'adoption des projets de lois, l'érection des cours de justice, l'exercice d'une juridiction criminelle, le choix des fonctionnaires, les questions soumises ou renvoyées par la Chambre des représentants.

Dans les provinces royales où le Conseil ne comprenait que 14 conseillers, comme nous l'avons dit, la règle qui prévalait était la présence de trois conseillers au moins.

Attributions. — Ces préliminaires terminés, nous allons passer en revue les trois sortes d'attributions du Conseil, en commençant par les plus importantes, les attributions exécutives.

Quoique le Conseil eût été créé spécialement en vue de fortifier et de conseiller le pouvoir exécutif, l'exposé de ses fonctions exécutives sera bref : c'est que, en même temps que les plus importantes, c'étaient aussi les pius simples et celles nécessitant le moins de règles rigoureusement posées.

Les instructions du roi résolvaient, en général, dans les provinces royales, tandis qu'ailleurs les textes constitutionnels la laissaient indécise, la question de savoir si le gouverneur devait, à peine de nullité, se munir de l'avis ou de l'autorisation du Conseil pour l'exercice soit de toutes les attributions, soit au moins de ses attributions les plus importantes.

Quelquefois le gouverneur ne pouvait, sans l'assistance des conseillers, accomplir certains actes de gouvernement d'une importance toute spéciale, à savoir ceux qui avaient trait à l'administration de la justice, au commerce, au trésor public, à la sécurité de la colonie par exemple. Quelquefois même le conseil possédait un droit de veto

sur tous les actes exécutifs sans distinction et, par l'exercice de ce droit, rendait son assentiment obligatoire. Si
quelques chartes se bornaient à recommander en termes
généraux l'union du gouverneur et du Conseil pour la
bonne administration du pays, ou encore l'entente entre
eux pour l'élaboration de projets ou de règles de gouvernement sur le mérite desquels le roi statuerait en
conseil privé, d'autres textes énuméraient avec un certain luxe de détails les objets pour lesquels le Conseil
devait plus particulièrement son assistance, au moins
quand le gouverneur la demandait.

Tels étaient, outre l'exécution fidèle des lois, statuts et
ordonnances, la répression de toute révolte contre le
gouvernement établi, la fondation des cités, des ports, des
bourgs de marché, la construction des bâtiments et des
marchés publics, la création des rues, des routes et des
voies nécessaires de grande communication, l'établissement et l'organisation des écoles publiques, le dévelop-
pement des sciences utiles et de grandes inventions.

En Pensylvanie, la charte de 1682 divisait le Conseil en
quatre commissions, en déterminant les attributions de
chacune d'elles. — La première, dite commission des
plantations, créait les cités, les ports, les bourgs de marchés, les chemins de grande communication ; — la seconde, commission de la justice et de la sécurité, veillait
au maintien de la paix publique ; — la troisième, la commission du commerce et du trésor, réglait l'exécution de
la loi à l'égard du commerce et des finances, encoura-

geait l'industrie, les manufactures, travaillait à développer la prospérité locale et subvenait aux dépenses de l'Etat ; — la quatrième enfin, dite commission des usages, de l'éducation et des arts, avait charge de prévenir les écarts et les scandales dans les mœurs et de former la jeunesse à la vertu et à la connaissance des sciences utiles et des arts.

En réalité, la condition du Conseil dépendait partout de l'autorité qui le nommait ; les règles qui fixaient ses fonctions exécutives étaient plus ou moins précises, plus ou moins respectées et appliquées suivant les colonies ou suivant l'autorité qu'il avait su acquérir.

Si les chartes indiquaient parfois les fonctions exécutives du Conseil, elles étaient muettes, en général, sur les fonctions législatives ; ces dernières se sont surtout développées sous l'influence de la coutume.

Dans plusieurs colonies, le peuple tout entier et peu nombreux des colons légifera d'abord et, dans toutes, des assemblées représentatives furent bientôt créées. — Le gouverneur, chef du pouvoir exécutif, y siégeait et avait, auprès de lui, son Conseil, qui participait également aux délibérations législatives.

L'assemblée représentative paraît n'avoir eu, à l'origine et dans toutes les colonies, qu'une seule chambre. Mais loin de vouloir établir l'unité parlementaire, la démocratie américaine tendit plutôt à tracer une ligne de démarcation de plus en plus nette entre les deux parties de l'assemblée, le gouverneur et son Conseil d'une part,

les représentants du peuple de l'autre. Avec l'action du
temps, nous voyons en effet se dégager un commun effort
tendant à exclure de la réunion formée par les députés
des bourgs, les membres du Conseil et le gouverneur :
nulle part toutefois ne se manifeste le désir de les supprimer et d'arriver ainsi directement à l'unité parlementaire : c'est que les colonies avaient le respect profond
de la tradition britannique que l'expérience leur avait
appris à considérer comme la meilleure sauvegarde d'une
nation libre. Et si, parfois, nous voyons contester les
droits du Conseil, c'est moins dans la pensée préconçue
d'arriver à sa suppression que par défiance envers des
représentants devant leur investiture et leurs pouvoirs à
une autorité la plupart du temps étrangère aux colonies.

Les députés des bourgs affirmaient en effet posséder
un droit essentiel au pouvoir législatif, droit dérivant
non pas de quelque délégation ou concession du prince,
mais du libre choix et de l'élection du peuple que l'on
ne doit pas et que l'on ne peut pas dépouiller de sa propriété sans son consentement. La prétention constante
des colonies était d'avoir un gouvernement autonome
pour tout ce qui concernait l'administration intérieure
et en particulier pour l'établissement des impôts : aussi
ne voyaient-elles pas sans ombrage le roi ou les propriétaires se servir du Conseil choisi par eux pour diriger
de loin des affaires purement coloniales.

« Les membres du Conseil, disait Franklin, sont nom-
« més, dans la plupart des provinces, par la couronne,

« sur la recommandation des gouverneurs, et, par con-
« séquent, obéissent trop à une influence étrangère. »

Ces paroles donnent bien la clef de l'opposition faite
au Conseil, regardé, non sans raison toutefois, comme
l'allié et l'auxiliaire de la métropole contre la cause des
libertés de l'Amérique.

Au contraire, dans les colonies où le Conseil étant
élu, comme au Massachussets par exemple, restait plus
libre à l'égard de l'administration métropolitaine,
l'harmonie régnait d'ordinaire entre les deux assemblées.

L'esprit d'indépendance locale gagna insensiblement
les Conseils coloniaux, même ceux qui, choisis par la
couronne, avaient passé jusque-là pour ses instruments dociles. Il n'est pas aisé cependant de déterminer
avec une précision absolue, le moment où, dans chaque
colonie, la division complète en deux assemblées s'établit. Elle était accomplie, dans la Virginie, en 1621, dans
le Massachussets en 1644, dans le Maryland en 1650 et
dans le Rhode-Island en 1696.

Il est certain, d'ailleurs, qu'elle fut de bonne heure la
règle partout et, dans les provinces royales, la règle
constante. Quelques colonies, le Maryland en 1660, la
Pensylvanie et le Delaware, un siècle plus tard, voulu-
rent supprimer la Chambre où ne siégeaient pas les représentants du peuple : seuls, la Pensylvanie et le
Delaware accomplirent à peu près avec succès cette sup-

pression et encore revinrent-ils quelques années plus tard à leur premier système.

Partout où la division subsista, les représentants du peuple formèrent l'une des deux assemblées; le gouverneur et le Conseil des assistants composèrent l'autre.

Ces deux Chambres, siégeant séparément, pouvaient-elles, dans des circonstances déterminées, se réunir pour former ce que l'on appelle aujourd'hui un Congrès? Cette question ne semble pas avoir été résolue par les textes. Une constitution cependant, la seule, croyons-nous, paraît avoir autorisé les deux Chambres à conférer à leur gré, dans des commissions mixtes de membres de l'une et de l'autre.

Là où une seule Chambre légiférait d'abord, c'est à-dire où l'unité parlementaire existait, on l'appelait tantôt cour des commissaires, tantôt grande assemblée, tantôt parlement, ou encore cour générale, ou assemblée, ou assemblée générale. Là où deux Chambres fonctionneraient séparément, celle qui se composait du gouverneur et du Conseil des assistants retenait le nom de conseil. Parfois, et surtout dans les provinces royales, elle se donnait volontiers le nom de Chambre haute ou supérieure, dans la rédaction de ses procès-verbaux ; mais l'autre Chambre ne laissait guère subsister cette appellation dans le texte ou la formule exécutoire des lois.

La Chambre composée des députés des bourgs s'appelait, en Virginie, Chambre des bourgeois, et partout ailleurs Chambre des représentants ou Chambre des communes.

Le gouverneur paraît avoir eu seul, tout au moins au début, le droit d'initiative. Deux des plus anciennes chartes de la Pensylvanie ne donnaient qu'à lui et au conseil le droit de préparer, de présenter et de modifier les projets de lois : elles ne permettaient aux représentants du peuple que de proposer des modifications et d'adopter ou de rejeter les projets définitifs. Plus tard, la constitution de 1696 laissait au seul Conseil, dans la même colonie, l'initiative et la préparation de l'œuvre législative.

Le gouverneur et le Conseil réunis pouvaient rejeter implicitement ou indirectement les lois, car pour la validité de celles-ci, leur approbation était nécessaire. La commission du New-Hampshire de 1679 et la constitution de la Pensylvanie de 1696 le décidaient formellement.

Peut-être fût-ce la règle primitive et générale que le gouverneur et le Conseil réunis n'eussent pas un pouvoir plus étendu. Mais, plus tard, les deux Chambres exercèrent partout les mêmes droits, chacune étant autorisée à discuter, à reviser et à rendre nulles et de nul effet par sa désapprobation, les décisions de l'autre. En fait cependant, cette participation égale du Conseil à la composition des lois n'était pas admise partout sans résistance ni difficulté. La Virginie notamment la subordonnait

parfois à des conditions posées par les représentants du
peuple : le Maryland et la Pensylvanie allèrent jusqu'à
l'interdire absolument, quelques années avant l'émanci-
pation, et dans la Pensylvanie et le Delaware, ce système paraît avoir subsisté.

Au moins dans les provinces royales, où le Conseil
tenait du roi un mandat essentiellement révocable, la
Chambre des représentants ne tolérait guère qu'il modi-
fiât les lois de finances. Il y était donc contraint d'accepter ces lois telles que la Chambre les avait votées, sauf à
demander, s'il désirait un amendement, une rectifica-
tion par message officieux : ce message du reste laissait
à la Chambre une entière liberté et ne la liait en aucune
façon. Souvent même il arriva que les représentants du
peuple rejetèrent de parti pris tous les projets de lois de
finances élaborés par le Conseil.

De la résistance de fait les colonies passèrent à la défi-
nition solennelle du principe. Les délégués de toutes les
provinces, réunis à New-York, proclamèrent à la veille
de la Révolution que l'indépendance mutuelle des diverses autorités participant à l'œuvre législative, principe
essentiel de la Constitution anglaise, formait un élément
nécessaire de tout bon gouvernement et que le Conseil
royal, étant sous la dépendance directe du roi d'Angleterre à la différence de la Chambre anglaise des lords,
jouait un rôle tout à fait inconstitutionnel et dangereux.

La même doctrine finit par atteindre le Conseil là où

il tenait ses pouvoirs non plus du roi, mais des propriétaires.

Les représentants des bourgs affirmèrent de plus que la Chambre des communes était essentiellement instituée pour délibérer sur les lois qui, en principe, ne pouvaient jamais être faites par le Conseil et le gouverneur seuls. Cette dernière règle paraît n'avoir souffert qu'une exception : à une certaine époque, dans la colonie du Massachussets, le gouverneur et le Conseil pouvaient exercer seuls quelques attributs de la puissance législative.

Dans tout cela, il est aisé de voir, non pas le désir d'arriver à la suppression de la Chambre haute, mais la défiance envers des représentants tenant leurs pouvoirs d'une autorité extérieure aux colonies, et non du peuple lui-même.

Ajoutons, du reste, que si le Gouvernement et le Conseil étaient généralement associés à l'œuvre législative, leurs principales prérogatives concernaient surtout le pouvoir exécutif.

Le Conseil avait également des attributs judiciaires. A une certaine époque, l'Assemblée législative fut investie du droit de statuer en appel, dans le Connecticut, sur les décisions de toutes les juridictions inférieures de la colonie, et dans la Virginie, tantôt sur toutes ces décisions, tantôt sur celles-là seulement qu'avait pu rendre le gouverneur. Dans cette dernière colonie également, le Conseil composait avec le gouverneur la Cour suprême locale : de même, de nos jours, le Sénat des Etats-Unis se constitue en Haute Cour de justice, sans le Président de la République cependant, pour prononcer sur les accusations intentées par la Chambre des représentants.

Dans la Pensylvanie, plusieurs actes constitutionnels attribuèrent également à la Chambre des représentants le droit de mettre en accusation et au Conseil, celui de juger les personnes accusées par elle : le vote s'y faisait par bulletins.

Il y a lieu de penser que, dans les diverses colonies, de tous les pouvoirs judiciaires attribués à l'Assemblée, la Chambre des représentants retint ce seul droit de mise en accusation et que bientôt les seules personnes contre lesquelles elle eut la faculté de l'exercer furent les fonctionnaires dont la nomination émanait du peuple, le droit de juger restant au Conseil.

Les ordres fondamentaux du Connecticut, de 1638, donnaient au Conseil une compétence illimitée au criminel. De même, une des plus anciennes chartes de la Virginie décidait, qu'à défaut d'instructions émanées des propriétaires qui limitassent les attributions judiciaires du gouverneur chef du pouvoir exécutif, ce dernier était autorisé « avec l'assistance du Conseil », à juger toute affaire, même au criminel, et au criminel, même capitale. Plus tard, dans la même colonie, on le trouve investi du droit de présider toutes les Cours locales. Ajoutons que toutes les fois qu'il juge, il ne le fait qu'avec l'aide et l'assistance de son Conseil. Dans ces

conditions, il est investi dans quelques colonies et à l'origine, d'une compétence absolue et illimitée, et, plus tard,
d'une juridiction d'appel sur les décisions rendues
par les Cours inférieures ; dans d'autres, simplement
d'une juridiction d'appel sur les différends où la valeur
litigieuse dépasse une somme déterminée, ici 100 livres,
là 300 ; dans plusieurs colonies, et parmi elles, les provinces royales, spécialement dans la Caroline du Sud, de
toute la juridiction des Cours de chancellerie ; dans le
Massachussets enfin, tout particulièrement de la juridiction *de probate* qui consiste essentiellement à prononcer
sur l'authenticité ou la validité des actes de dernière
volonté et à nommer, en cas de besoin des administrateurs
et des curateurs aux biens dépendant de successions.

Au dernier état du droit, la juridiction d'appel du gouverneur et de son Conseil sur les décisions des Cours
inférieures était universellement admise : le recours
devait être formé dans le délai de 14 jours après la pro-
nonciation ou la signification du jugement de première
instance, et l'appelant était tenu de fournir caution pour
le paiement des frais et des condamnations éventuelles.
L'appel était toujours permis contre les sentences des
juridictions intéressant le roi et, par exemple, contre
celles qui statuaient sur les redevances dues à la Couronne, tandis qu'il ne l'était contre les autres que si la
valeur du litige dépassait 300 livres sterling. Les commissions royales établissaient fréquemment les règles de
la procédure : le gouverneur présidait à la nouvelle

instance et les juges du premier débat pouvaient y être présents : ils y avaient le droit, sinon de voter, du moins de défendre et d'expliquer leur propre décision.

Si le Conseil statuait la plupart du temps avec le gouverneur, il semble avoir eu aussi, en divers lieux, le droit de juger de sa seule autorité certains actes ou différends. Ici, on le trouve autorisé à punir toute désobéissance aux ordres de l'autorité et à vider tout différend touchant « au soin et au bon gouvernement » de la colonie ; là, en Pensylvanie, on voit une de ses commissions, la première, celle des plantations, se prononcer sur les différends que ses propres actes pouvaient soulever ; la seconde, la commission de la justice et de la sécurité, réprime tous les faits de mauvaise administration de la justice ; enfin le corps entier des conseillers châtie lui-même tout emploi des deniers publics contraire aux instructions du gouverneur, des assistants de ce dernier ou du pouvoir législatif. Parfois encore, pour certaines instances, le gouverneur ou l'un des membres du Conseil siégeait. Il arrivait aussi que des cours ou commissions extraordinaires fussent chargées de juger les faits de piraterie : c'était le gouverneur, et en cas d'empêchement de sa part, le doyen du Conseil qui en tenait et en présidait les audiences. Ajoutons encore qu'au moins dans les provinces royales, les membres du Conseil avaient sur toute l'étendue de la colonie la juridiction et les pouvoirs des juges de paix et qu'une compétence analogue à celle qu'avaient les Cours *de probate* fut parfois confiée soit au gouverneur, soit au seul Conseil des assistants.

Il faut ajouter encore qu'à diverses époques et dans plusieurs colonies le gouverneur et les assistants formèrent ensemble une haute juridiction qui jugeait directement au criminel les cas les plus graves, en appel sur la plupart des autres, et, au civil comme en appel, au moins quand la valeur du litige dépassait une somme déterminée, les décisions de toutes les Cours coloniales, Cours de comté, Cours *de probate*, Cours de sessions, Cours de chancellerie, et même Cours provinciales ou supérieures. Parfois encore le gouverneur et les assistants furent eux-mêmes la Cour de chancellerie ou composèrent la Cour d'amirauté dont la compétence la plus ordinaire s'appliquait, dans l'ordre civil, aux affaires maritimes et commerciales et, dans l'ordre criminel, aux actes de piraterie et aux crimes de délits commis en mer. Peut-être ne sera-t-il pas sans intérêt de faire observer ici que, de bonne heure, quelques colonies, notamment le Connecticut et le Massachussets, se donnèrent de véritables codes de droit maritime.

De tout cet exposé relatif au Conseil, exposé forcément vague par suite d'absence de documents nets et précis, il résulte bien que certains traits essentiels du Sénat des Etats-Unis existaient, au moins à l'état d'ébauche, dans la plupart des conseils provinciaux : origine distincte, sessions à part, personnel moins nombreux que celui de la Chambre démocratique, durée plus longue du mandat, et enfin, complexité des attributions législatives, exécutives et judiciaires.

Le terrain était donc préparé. La Convention de Philadelphie, s'inspirant de coutumes traditionnelles et d'expériences séculaires, avait à coordonner et à fixer des régles pratiquées de longue date dans les parlements des différentes colonies. Fidèle à la méthode expérimentale, elle s'inspira des modèles qu'elle avait sous les yeux et sut les adapter au régime fédératif auquel le Sénat doit sa forme définitive et son incontestable vitalité. Sa création, sa forme furent donc en partie déterminées par les conditions du régime antérieur à son existence. Le Sénat émane de la première réalité politique qui ait apparu sur le sol américain, les Etats coloniaux et peut être considéré comme le faisceau des vieilles traditions américaines: là est le secret de sa force.

CHAPITRE II

Section I. — Recrutement

Le Sénat, étant la représentation des différents Etats de l'Union en tant que républiques séparées, se compose d'un nombre égal de délégués de chaque Etat : il comprend 2 membres par Etat.

La Convention de Philadelphie se défiait des Assemblées nombreuses, au point que la Chambre démocratique, c'est-à-dire la représentation directe du nombre, devait compter au début 65 députés seulement. A plus forte raison, la même méfiance ne pouvait manquer de présider à l'organisation de la Chambre haute. Puis le Sénat américain représente les Etats particuliers ; si la délégation de chacun d'eux n'était pas très restreinte, leur personnalité respective risquerait de disparaître au milieu de la diversité des opinions individuelles. La règle stricte aurait voulu que chaque Etat n'élût qu'un seul sénateur ; l'Amérique aurait eu son Sénat des Treize comme Venise avait son conseil des Dix ; la décision des affaires les plus importantes se fût trouvée remise à une majorité de 7 voix. D'autre part, que le moindre accident survînt, un Etat tout entier se serait vu momentanément privé de représentation dans celle des deux Chambres où il était le plus intéressé à ne pas laisser diminuer son influence. En attribuant à chaque Etat deux sénateurs, on ne dépassait donc pas le minimum extrême au-dessous duquel il semblait pratiquement impossible de descendre. Le Sénat comprit donc au début 26 membres représentant de plus de 6 millions d'habitants. Il pouvait, comme on l'a dit, tenir tout entier groupé autour d'une table de salon.

Donc, chaque Etat, qu'il soit grand comme New-York ou petit comme le Delaware, élit deux sénateurs, ni plus, ni moins. Or l'Etat de New-York est deux fois grand comme l'Ecosse et plus peuplé qu'elle, le Northumberland et le Durham réunis. Le Delaware est un peu plus petit que Norfolk avec à peu près la population de Bedfordshire. C'est donc comme si Bedfordshire, avait dans une Chambre anglaise, autant d'importance que l'Ecosse, le Northumberland et le Durham réunis, ce qui est certainement peu conforme aux théories démocratiques.

De cette règle, qui accorde deux sénateurs par Etat, découlent plusieurs conséquences.

D'abord, à la différence de nombreuses Chambres hautes — le Sénat français par exemple — le Sénat américain n'a pas et ne peut pas avoir un effectif fixe ; en effet, à chaque admission de territoire au rang d'Etat, à chaque création de nouvel Etat, le nombre des sénateurs augmentera de deux (1).

Cette augmentation ne doit pas être oubliée quand on

---

1. **Tableau de Bryce, d'après le Census de 1890**

(Il n'est fait de Census que tous les 10 ans)

	Admission comme Etat	Area in square miles	Population
Delaware	1787	2.050	168.493
Pennsylvania	—	45.215	5.258.014
New-Jersey	—	7.815	1.444.933
Georgia	1788	59.475	1.837.353
Connecticut	—	4.990	746.258
Massachussets	—	8.315	2.238.943
Maryland	—	12.210	1.042.390
South Carolina	—	30.570	1.151.149
New-Hampshire	—	9.305	376.530
Virginia	—	42.450	1.655.980
New-York	—	49.170	5.997.853
North Carolina	1789	52.250	1.617.947
Rhode-Island	1790	1.250	345.506

Dans l'ordre de leur admission

Vermont	1791	9.565	332.422
Kentucky	1792	40.400	1.858.635
Tennessee	1796	42.050	1.767.518
Ohio	1802	41.060	3.672.316
Louisiana	1812	48.720	1.118.587
Indiana	1816	36.350	2.192.404
Mississipi	1817	46.810	1.289.600
Illinois	1818	56.650	3.826.351
Alabama	1819	52.250	1.513.017
Maine	1820	33.040	661.086
Missouri	1821	69.415	2.679.184
Arkansas	1836	53.850	1.128.179
Michigan	1837	58.915	2.093.889
Florida	1845	58.680	391.422
Texas	—	265.780	2.235.523
Iowa	1846	56.025	1.911.896

envisage les objets pour lesquels le Sénat fut créé et pour la réalisation desquels une Assemblée peu nombreuse est parfois plus utile qu'un vaste corps.

Composé à l'origine, ainsi que nous l'avons vu plus haut de 26 membres, le Sénat en compte aujourd'hui 90, la Confédération se composant actuellement de 45 États. Cette augmentation graduelle a eu certainement pour effet de modifier complètement le caractère de l'Assemblée. Tant que le nombre de ses membres était minime, l'idée première qu'il était un corps plutôt diplomatique que législatif s'est maintenue pour disparaître peu à peu avec l'augmentation continue qui s'est produite.

Cette augmentation cependant ne semble plus à craindre. Il ne reste en effet que trois territoires susceptibles d'être transformés en États. Je ne compte, dans ce calcul,

	Admission comme Etat	Area in square miles	Population
Wisconsin........	1848	56.040	1.686.880
California........	1850	158.360	1.208.130
Minnesota........	1858	83.365	1 301.826
Oregon..........	1859	96.030	313.767
Kansas..........	1861	82.080	1.427.096
W. Virginia......	1863	24.780	762.794
Nevada..........	1864	110.700	45.761
Nebraska........	1867	77.510	1.058.910
Colorada........	1876	103.925	412.198
N. Dakota........	1889	70.795	182.719
S. Dakota........	—	77.650	328.808
Montana	—	146.080	132.159
Washington......	—	69.180	349.390
Wyonning........	1890	97.890	60.705
Idaho...........	1890	84.800	84.385
Utah............	1895-96	84.970	207.905

ni le territoire iodien, à l'ouest d'Arkansas, ni Alaska. Il
n'est pas probable en effet que ces territoires, le premier avant quelques temps et le second avant de longues
années, contiennent une population civilisée assez nombreuse pour leur permettre de devenir des Etats. Dès lors
le nombre des sénateurs ne pourra plus dépasser 96, à
moins bien entendu qu'on ne procède à la division de
quelques-uns des Etats existants, ou qu'on ne fasse de
quelques territoires plusieurs Etats.

Ce nombre est, comme on le voit, bien inférieur à celui de la Chambre des lords anglaise qui, ne comprenant
que 174 membres à l'avènement de Georges III, en compte
aujourd'hui 550; à celui du Sénat français (300) et de la
Chambre des seigneurs prussienne (430). — Ce nombre
restreint de sièges a frappé tous les commentateurs.
« Sous quelque aspect que l'on veuille envisager la Cham-
« bre haute, écrit M. de Noailles, un fait matériel reste
« indiscutable : la majorité des 76 sénateurs (au moment
« où il écrivait son ouvrage) soit au maximum 39 élus
« du suffrage indirect et « filtré » possèdent et exercent
« le droit de tenir en échec les mandataires immédiats
« de 10 millions d'habitants, d'opposer leur veto aux re-
« présentants directs d'un peuple de 50 millions d'âmes.
« C'est au Sénat formant une faible minorité numérique
« dans le Congrès qu'appartient le rôle de maintenir la
« tradition et d'assurer certaines conditions de stabilité
« faute desquelles aucun gouvernement n'est possible.
« Les constituants américains n'ignoraient pas que le

« manque de suite dans les projets, les variations perpé-
« tuelles des lois sont les vices incurables de tout régime
« construit sur le terrain mouvant du suffrage populaire
« et exposé à en ressentir les moindres oscillations.
« Quelle nation puissante peut subsister sans la sécurité
« du lendemain à l'intérieur et dans ses relations étran-
« gères ? » (1).

Une autre conséquence de cette règle de deux sénateurs par État est d'avoir donné au Sénat une base différente de celle adoptée pour l'autre Chambre du Congrès.
Cette conséquence a eu pour résultat de donner au Sénat
un caractère pondérateur qui n'est atteint dans les autres
pays que par des combinaisons qui ne sont pas à l'abri de
toute critique. Toutes les nations qui ont divisé leur pouvoir législatif en deux Chambres se sont heurtées à des
difficultés lorsqu'elles ont voulu attribuer à chacune
d'elles un caractère distinct.

En Italie, le Sénat est composé de membres nommés
par le roi. La Chambre des seigneurs prussienne est partie nommée, partie héréditaire, partie élue. Parmi les sénateurs espagnols, les uns sont héréditaires, d'autres font
partie de l'assemblée à raison de leurs fonctions, d'autres enfin sont élus. Dans l'empire germanique, le
Bundesrath est constitué par des plénipotentiaires des
différents royaumes ou principautés. La France désigne
ses sénateurs par une élection à plusieurs degrés. En An-

1, De Nouailles. *Cent ans de république*, t. 1. p. 335.

gleterre, les lords temporels siègent maintenant par droit héréditaire et les personnes qui proposent de réédifier sur de nouvelles bases cet ancien corps sont très embarrassées pour découvrir une méthode susceptible de le fortifier et de lui donner une utilité, sans avoir recours à l'élection directe comme cela a lieu à la Chambre des communes.

Avant la guerre de sécession, il était une autre conséquence qui n'existe plus aujourd'hui et qui a été de pousser le parti esclavagiste, pendant les 30 dernières années qui ont précédé la guerre civile, à étendre le domaine de l'esclavage de façon à créer de nouveaux Etats esclavagistes et, en maintenant ainsi l'égalité au Sénat, à empêcher de voter des lois hostiles à l'esclavage.

Remarquons, pour terminer, que si le Sénat compte actuellement 90 membres, le chiffre primitif (26) n'est pas quadruplé, tandis que la population a décuplé.

Par qui sont élus les membres du Sénat ?

Dans les pays fédéraux, de tous les problèmes que soulève l'organisation d'une Chambre haute, le plus difficile à résoudre est certainement celui du mode de nomination. Les solutions sont nombreuses, mais pas toujours satisfaisantes : elles consistent ou à faire élire les membres de la haute assemblée par le peuple, au suffrage direct, ou par les législatures d'Etats ou même par le pouvoir exécutif de chaque Etat.

Le premier système a peut-être l'avantage de donner

une grande force aux élus, mais il a certainement l'inconvénient de donner naissance à une Chambre haute qui aura, à peu de chose près, les mêmes aspirations et les mêmes entraînements que la Chambre populaire, puisqu'elle sera issue du même corps électoral,

Quant à la nomination par le pouvoir exécutif de chaque Etat, outre qu'elle donne trop souvent lieu à l'arbitraire et à l'injustice, elle amènera fréquemment au pouvoir des candidats n'étant même pas en communion d'idées avec les citoyens de l'Etat qu'ils ne peuvent raisonnablement prétendre à représenter.

Reste le système d'élection par les legislatures des Etats : c'est celui que la Convention de Philadelphie a adopté après une longue discussion. Plusieurs systèmes lui avaient été successivement proposés.

D'après le projet de constitution d'Edmond Randolph, gouverneur de la Virginie, le Sénat aurait été nommé par la Chambre des représentants sur une liste présentée par les législatures des Etats particuliers.

Ce système, repoussé du reste, avait le grave inconvénient, malgré l'intervention des législatures locales, de mettre le Sénat sous la dépendance complète de la Chambre populaire : le principe de la dualité du pouvoir législatif aurait dès lors cessé d'être appliqué et ce dédoublement représentatif n'aurait été qu'une illusion.

D'autres voulaient faire élire le Sénat comme la Chambre des représentants, directement par le peuple. A quoi bon, comme nous l'avons déjà dit, créer une

Chambre haute qui, élue de la même façon et par les mêmes électeurs, sera animée des mêmes passions et commettra les mêmes fautes que la Chambre démocratique ? A quoi bon diviser le Congrès, suivant l'observation d'Hamilton, si la Chambre populaire ne doit avoir pour contre-poids qu'une assemblée marquée au même coin ?

Hamilton proposait un système tout différent. D'après son projet, le Sénat devait se composer de personnes choisies par les électeurs nommés dans ce but spécial par les citoyens et les habitants des divers États qui jouiraient soit en leur nom propre, soit au nom de leur femme, d'une propriété foncière au moins pour le reste de leurs jours, ou d'un bail à courir pour une durée d'au moins 14 ans à partir du vote. Chaque district devait en outre nommer un sénateur et leur nombre devait être réparti entre les différents États, suivant un calcul sommaire de la population.

Sümmer-Maine, dans son *Essai sur le Gouvernement populaire*, s'exprime ainsi sur ce projet : « L'histoire tant « politique qu'économique de l'Europe nous a maintenant « prouvé que le système d'Hamilton n'aurait, selon « toute probabilité, pu durer longtemps. Il se fonde sur « l'inégalité de la propriété, notamment de la propriété « foncière. Nous sommes pourtant en mesure d'établir « dès maintenant en principe, comme résultat de l'ex- « périence et de l'observation, que, bien que le gouver- « nement populaire s'étende continuellement en Europe « et quoique la liberté soit la mère des inégalités de

« fortune, ces inégalités sont épiées dans les sociétés
« démocratiques avec une jalousie particulière. Et de
« toutes les formes de propriété, il n'en est aucune qui
« soit plus menacée, dans ces sociétés, que la propriété
« foncière. Au moment où l'on rédigeait la Constitution
« fédérale, il existait un cens électoral basé sur la pro-
« priété dans la plupart des Etats américains, et nous
« verrons que ces limites imposées au suffrage popu-
« laire exerçaient leur influence jusque dans la Cham-
« bre des représentants. Mais presque partout, elles ont
« cédé la place à un suffrage qui ne diffère guère du
« suffrage universel, et les fondements du Sénat d'Ha-
« milton auraient probablement subi un changement
« analogue. »

En outre, selon nous, ce système aurait eu l'inconvénient de faire nommer des électeurs intermédiaires
ayant à obéir à un mandat impératif, comme cela arrive
actuellement pour l'élection à la présidence des Etats-
Unis. Autant vaudrait faire nommer les sénateurs directement par le peuple : les électeurs du second degré deviennent en effet un rouage inutile.

Pour que l'élection à deux degrés fonctionne bien, il
faut que les électeurs du 2e degré ne soient pas choisis
uniquement en vue de l'élection. C'est une des raisons
qui, croyons-nous, ont engagé les Américains à faire élire
leurs sénateurs par les législatures locales.

Un article paru dans le *Fédéraliste* exprimait les espé-
rances des délégués de la Convention de Philadelphie au

sujet de ce système de recrutement. « Grâce à l'inter-
« médiaire des législatures locales qui représentent des
« corps choisis et sont chargées de désigner les mem-
« bres du Sénat national, nous avons toute raison
« d'espérer que cette branche du pouvoir se trouvera
« composée, en général, avec un soin et un jugement
« tout particuliers ; que les circonstances de sa nomina-
« tion nous permettent une instruction plus sérieuse et
« une connaissance plus approfondie des annales du
« pays et que, en raison de l'étendue du territoire
« d'où viendront ceux dont la direction leur sera con-
« fiée, ils seront moins susceptibles d'être infectés de
« l'esprit de parti : ils se trouveront davantage hors
« d'atteinte de cette mauvaise humeur accidentelle, de
« ces préjugés et propensions temporaires qui, dans les
« petites sociétés, corrompent fréquemment les délibé-
« rations publiques, engendrent l'injustice, tendent à
« l'oppression d'une partie de la communauté et font
« naître des plans qui, tout en gratifiant une inclination
« ou un désir momentané, finissent par amener la mi-
« sère, le mécontentement et un dégoût général. »

Faut-il admettre, comme on l'espérait à la Convention
de Philadelphie, que les législatures locales, opérant par
sélection, se montrent plus aptes que le suffrage direct
à faire des choix judicieux ? La question a soulevé main-
tes controverses.

Tocqueville avait cru reconnaître dans le personnel du
Sénat une supériorité notable sur celui de la Chambre

des représentants. « Lorsque vous entrez dans la salle
« des représentants à Washington, nous dit-il, vous
« vous sentez frappé de l'aspect vulgaire de cette grande
« assemblée. L'œil cherche, souvent en vain, un homme
« célèbre. Presque tous ses membres sont des personna-
« ges obscurs dont le nom ne fournit aucune image à
« la pensée. Ce sont, pour la plupart, des avocats
« de village, des commerçants ou même des hommes
« appartenant aux dernières classes. Dans un pays où
« l'instruction est presque universellement répandue,
« on dit que les représentants du peuple ne savent pas
« toujours correctement écrire. A deux pas de là s'ouvre
« la salle du Sénat dont l'étroite enceinte renferme une
« grande partie des célébrités de l'Amérique : à peine y
« aperçoit-on un seul homme qui ne rappelle pas l'idée
« d'une illustration récente. Ce sont d'éloquents avo-
« cats, des généraux distingués, d'habiles magistrats ou
« des hommes d'Etat connus. Toutes les paroles qui
« s'échappent de cette grande assemblée feraient hon-
« neur aux plus grands débats parlementaires de l'Eu-
« rope. » (1).

Et cette supériorité que Tocqueville exagère certainement, il l'attribue exclusivement au système d'élection à
deux degrés par les législatures d'Etat.

Benton, au contraire, prend vivement à parti sur ce
point l'illustre auteur de « la démocratie en Amérique », et

1. Tocqueville. *De la Démocratie en Amérique.*

prétend que cette supériorité, loin d'être dûe au suffrage
« filtré » selon son expression, provient exclusivement du
nombre restreint des sénateurs, des conditions d'éligibilité, de la durée plus longue du mandat, de leur expérience plus complète des affaires. Au moment où Benton
écrivait, il avait certainement tort de méconnaître l'heureuse influence exercée par les législatures locales. En
effet, ce qui rend inutile le rouage du 2° degré pour les
élections indirectes, c'est le mandat impératif, mandat
qu'il était impossible aux électeurs de donner aux législatures locales : elles étaient en effet nommées dans un
tout autre but que l'élection des sénateurs qui ne composait qu'une partie de leurs multiples attributions.
Aujourd'hui qu'elles s'occupent exclusivement de ces
élections et que des conventions spéciales sont venues
les remplacer dans l'exercice de leurs fonctions législati-
tives, le langage de Benton paraîtrait peut-être mieux
fondé. L'élection des sénateurs, en effet, n'est plus, pour
ainsi dire, une élection indirecte. Théoriquement ils
doivent être choisis par les Chambres législatives d'Etat ;
mais les Chambres législatives d'Etat signifient presque
toujours le parti dominant. Ce parti tient une réunion
préparatoire (*caucus*) et choisit son candidat : ce dernier
est toujours élu, le parti marchant comme un seul
homme pour celui, quel qu'il soit qui a été désigné par
la majorité.

D'ailleurs le choix du congrès est très souvent préparé
d'avance par les chefs de parti. Quelquefois, à la veille

d'une vacance d'un siège de sénateur, les aspirants à ce siège posent leur candidature devant le peuple de l'Etat. Dans la réunion tenue par le parti à l'occasion de la nomination de ses candidats aux fonctions de l'Etat, leurs titres sont examinés et un vote décide quel sera son porte-drapeau pour le siège de sénateur. Ce vote lie le parti dans les Chambres législatives d'Etat et au dehors. Le jour des élections aux Assemblées d'Etat qui précèdent immédiatement les élections sénatoriales, le peuple se guide dans ses votes sur les déclarations faites par les candidats en faveur de tel ou tel aspirant au siège de sénateurs (1). Quelquefois, celui-ci qui est comme on pense bien, un des chefs politiques de l'Etat, fait campagne en faveur des candidats aux Chambres législatives qui ont pris l'engagement de le soutenir et défend leurs intérêts en même temps que les siens. — Cela ne veut pas dire que dans la plupart des Etats le choix du sénateur soit la cause déterminante des élections aux Chambres législatives; les circonstances peuvent changer, des compromis devenir nécessaires.

Toutefois, il faut bien reconnaître qu'aujourd'hui d'une façon générale, les membres des Chambres légis-

1. La Constitution de l'Etat de Nebraska, en 1875, permet aux électeurs, au moment de voter pour les Chambres législatives d'Etat, « de consigner sur bulletin leur préférence pour tel ou tel « candidat au Sénat. Ces élections se feront de la même façon « que pour les fonctionnaires d'Etat. » C'est là une tentative indirecte pour contrecarrer la disposition de la constitution fédérale qui donne aux Chambres législatives le choix des sénateurs.

latives ne jouissent dans le choix du sénateur que d'une liberté très restreinte. Le peuple ou plutôt les politiciens qui le mènent et agissent en son nom, ont le plus souvent tout arrangé lors des élections aux Chambres législatives d'Etat : tellement il est difficile d'assurer le fonctionnement d'une élection à plusieurs degrés conformément au plan originel, tellement aussi il est difficile d'empêcher une constitution, même écrite et rigide, de se plier et de se déformer sous l'effet de la politique.

Ces dernières années, la proposition a été souvent faite de modifier la Constitution fédérale en enlevant aux Chambres législatives d'Etat l'élection des sénateurs et en la donnant au peuple. En 1892 notamment, le parti du peuple avait inscrit dans le programme lui servant de « platform » électorale pour l'élection présidentielle : « Election du président, du vice-président et des sénateurs des Etats-Unis par le vote direct du peuple ». La Chambre des représentants elle-même, à la suite d'un conflit avec le Sénat, avait du reste déjà voté une motion dans ce sens.

Quelques publicistes judicieux approuvent cette innovation : ils estiment que les mauvais candidats auront moins de chances de succès, lorsqu'ils auront affaire avec les partis et avec le peuple qu'ils n'en ont aujourd'hui avec des Assemblées entièrement à la dévotion des chefs de parti. Le peuple constitué en corps électoral ne vaut certainement pas mieux qu'une Chambre législative d'Etat ; mais au moins les nominations faites par lui se font publiquement, tandis qu'avec le système actuel les candidats choisis par la Chambre législative peuvent l'être secrètement. Il pourra y avoir autant de démogagie que maintenant ; il y aura probablement moins de corruption.

Pour nous cependant, nous pensons que cette réforme serait mauvaise, la Chambre haute et la Chambre populaire doivent, avant tout, avoir une origine et des bases différentes ; autrement le dédoublement représentatif ne devient qu'une simple superfétation.

De plus l'élection par les législatures d'Etats a au moins cet avantage : de garantir, mieux que tout autre système, l'autonomie des Etats particuliers.

« Si l'on a donné pour le choix des sénateurs fédéraux
« la préférence aux législatures d'Etat, c'est que les ten-
« dances autonomistes dispersées, incertaines et faibles
« dans les circonscriptions primaires de chaque Etat, se
« présentaient dans la législature à l'état de force incor-
« porée, organisée, consciente, qui ne pouvait manquer
« de mettre son empreinte sur le couple sénatorial issu
« de ses suffrages » (1).

Les législatures locales sont les personnifications vivantes des Etats particuliers : le Sénat nommé par elles, représente bien ainsi les traditions et les privilèges de l'autonomie provinciale au sujet desquels la fibre populaire a toujours été infiniment chatouilleuse : c'est cette situa-

---

1. Boutmy, *Etudes de Droit constitutionnel.*

tion spéciale qui permet à la haute Assemblée de tenir tête aux mandataires immédiats du peuple, sans froisser les préjugés publics.

Remarquons du reste, pour terminer, que l'inconvénient du suffrage indirect déformé par le mandat impératif est bien moins grave pour l'élection des sénateurs que pour celle du président de la République. En effet, en principe, les législatures légales sont constituées non pas tant pour nommer les sénateurs de l'union que pour édicter des lois. Au lieu d'être des collèges électoraux chargés d'émettre un vote spécial, puis tenus de se dissoudre aussitôt après, elles se composent de représentants investis d'une mission législative à plus ou moins longue échéance et ne se transformant que par exception en électeurs.

Procédure de l'élection. — La constitution fédérale laissait, en principe, le mode d'élection des sénateurs aux législatures d'Etat, qui étaient libres d'en fixer elles-mêmes l'époque et le lieu convenables (chapitre I*er*, section 4, art. 1).

Cependant l'expérience pouvait faire reconnaître l'utilité de dispositions uniformes sur certains points et la nécessité de déjouer une force d'inertie dont le but serait de faire échec au gouvernement fédéral. C'est pourquoi la Constitution réserva au Congrès le pouvoir de modifier la disposition de l'art. 1, section 4 du chap. 1er et même de la supprimer, sauf cependant en ce qui concerne le lieu de l'élection qui ne peut être autre que le siège de la législature appelée à nommer les sénateurs : il semble bien qu'on a voulu faire là une concession au patriotisme local.

Le système primitif ne tarda pas à donner lieu à de vives réclamations et amena en juillet 1866, le vote d'une loi fédérale sur la matière, dont voici les principales dispositions. Le vote a lieu de vive voix dans les deux Chambres de la législature qui constateront sur leur registres-journaux si l'épreuve a donné ou non un résultat. Le lendemain, à midi, les deux Chambres se réuniront en une seule assemblée ; lecture sera faite des procès-verbaux et sera élu celui des candidats qui aura réuni la majorité des voix dans chacune des Chambres. Si le choix primitif dans chaque Chambre n'a pas porté sur le même candidat, les Chambres procèderont immédiatement à une délibération commune et à un vote général, toujours de vive voix. Si la majorité est acquise à un candidat, il sera immédiatement proclamé élu. Sinon, cette assemblée conjointe renouvellera l'épreuve les jours suivants, à midi, jusqu'à ce que l'élection devienne un fait accompli.

Le fait de l'élection est certifié au président du Sénat fédéral par le gouverneur de l'Etat intéressé.

Les sénateurs doivent-être élus à la majorité absolue. Cette prescription nécessite parfois de nombreux tours de scrutin : un sénateur de l'Illinois ne fût élu qu'après 156 tours, ce qui occupa 60 séances.

Il est même arrivé, en 1893, que les législatures des Etats de Montana, de Washington et de Wyoming n'ont pu parvenir à nommer leurs sénateurs : les gouverneurs de ces Etats se virent obligés de pourvoir provisoirement à l'élection. Ceci nous amène à citer une exception à la règle que c'est la législature qui nomme les sénateurs.

Des sièges sénatoriaux peuvent devenir vacants soit par suite de décès, soit par suite de démission, soit pour tout autre cause, pendant l'intervalle entre les sessions des législatures des Etats intéressés ; il importe de rétablir, dans le plus bref délai, l'égalité dont la rupture serait préjudiciable à l'état privé de ses représentants au Sénat fédéral.

La Constitution américaine (Chap. I, sect. III, art. 2), n'hésite pas, dans ce cas, à admettre comme sénateurs des membres provisoires nommés par le pouvoir exécutif. Cette singularité paraîtra moins étrange si l'on ajoute que le pouvoir exécutif chargé de désigner ces membres est celui des Etats particuliers, et non le pouvoir exécutif central ; que l'exercice de cette prérogative suppose une vacance se produisant dans l'intervalle des sessions de la législature qui a élu le sénateur décédé ou démissionnaire et que la nomination cesse d'avoir son effet dès la réunion de cette législature. Il faut ajouter qu'aux Etats-Unis les gouverneurs des Etats particuliers sont élus, comme les Chambres locales, par le peuple et qu'il n'y a donc pas à craindre, en général, de divergences de vues entre le pouvoir législatif et exécutif de chaque Etat, puisque tous deux tiennent leurs pouvoirs des mêmes électeurs.

Quoi qu'il en soit, on peut voir l'importance de cette prérogative lorsqu'à l'époque de la nomination les sénateurs sont également divisés dans le Sénat. Aussi cette disposition, étant une exception, doit être interprétée strictement, comme toutes les exceptions. On doit donc, en dehors du cas où la vacance se produit dans l'intervalle des sessions de la législature, refuser au gouverneur le droit de nomination.

C'est du reste en ce sens que s'est prononcé le Sénat fédéral. En 1893, les législateurs des Etats de Montana, de Washington et de Wyoming s'étaient ajournées sans avoir procédé à l'élection des sénateurs devant remplacer ceux dont le mandat venait d'expirer. Les gouverneurs de ces Etats choisirent chacun un sénateur pour siéger pendant la session qui allait s'ouvrir : mais le Sénat ne voulut pas les admettre à siéger, déclarant nulles les nominations faites par un gouverneur, quand une législature d'Etat a eu l'occasion de procéder à une élection et a négligé de le faire.

Cette nomination provisoire présente deux avantages : avec elle on évite les inconvénients d'une convocation extraordinaire des Chambres locales, et l'Etat intéressé ne se voit pas privé, comme nous l'avons déjà dit plus haut, au sein du Sénat, d'une partie de sa représentation.

Eligibilité au Sénat. — Les règles concernant l'éligibilité des sénateurs sont inscrites dans la Constitution fédérale : elles ne peuvent donc pas être modifiées par une loi ordinaire.

Trois conditions principales sont requises : condition d'âge, condition de nationalité, condition de résidence.

Nul ne peut être nommé sénateur, s'il n'est âgé de trente ans au moins (art. 1, section III), alors que pour les représentants l'âge exigé est vingt-cinq ans. Cette condition, que l'on retrouve dans toutes les constitutions n'a pour but que de donner plus de maturité et d'expérience à la Chambre haute. Nous n'y insisterons donc pas.

Il faut de plus, pour être éligible au Sénat fédéral, être citoyen des Etats-Unis depuis neuf ans au moins. Cette règle, que nous retrouvons pour la Chambre des représentants (1), existe aussi en France : la loi du 26 juillet 1889 dit, en effet, que nul ne peut prétendre à un mandat législatif s'il n'est né citoyen français ou s'il ne s'est écoulé au moins dix ans depuis son décret de naturalisation, à moins qu'une loi spéciale ne soit venue abréger ce délai.

Remarquons, en passant, que la loi américaine se montre encore plus rigoureuse en ce qui concerne la présidence des Etats-Unis : pour y être éligible en effet, il faut être né citoyen américain.

En dernier lieu, nul ne peut être élu sénateur, s'il ne réside pas au moment de son élection dans l'Etat dont il a les suffrages. Cette dernière clause est commune aux deux

---

1. Pour être éligible à la Chambre des représentants il faut être citoyens des Etats-Unis depuis au moins sept ans.

Chambres du Congrès : elle s'explique très bien pour le Sénat dont les membres sont, pour ainsi dire, les plénipotentiaires de leurs Etats respectifs ; ils ne sauraient en effet être étrangers de fait à l'Etat particulier qui les a choisis : les jalousies inévitables entre les divers Etats ne l'auraient pas souffert; le fédéralisme exigeait que ces mandataires spéciaux fussent attachés à leurs commettants par des liens étroits et des intérêts positifs.

Il en est tout autrement en ce qui concerne l'autre Chambre du Congrès: cette clause si naturelle, comme nous venons de le voir pour le Sénat, s'explique moins en tant qu'elle s'applique à la Chambre des représentants. Ces derniers ne représentent-ils pas, en effet, la nation entière et non chaque Etat en particulier ? Elle semble n'avoir de raison, en ce qui les concerne, que pour leur interdire les candidatures multiples. « On « ignore jusqu'ici en Amérique, nous dit M. de Noailles, « l'usage de cet artifice par lequel le candidat se fait « un jeu de l'impossibilité matérielle pour lui de représenter plusieurs circonscriptions à la fois et traite avec « un singulier sans-gêne le corps électoral, le souverain « maître, en lui imposant l'humiliation des choix provisoires et les tracas d'un double vote. La condition de « résidence, inscrite dans la Constitution, semble tellement naturelle que, selon Story, elle n'a pas besoin « de commentaires. *Si le plus infatigable des commentateurs* « *l'affirme, on peut l'en croire* ».

Durée du mandat de sénateur. — Dans tous les pays, les

membres de la Chambre haute sont ordinairement élus
pour un temps beaucoup plus long que les membres de
la Chambre populaire : la raison en est que c'est à eux
qu'appartient le rôle de maintenir la tradition et d'assurer certaines conditions de stabilité faute desquelles
aucun gouvernement n'est possible : ils doivent échap-
per par la durée même de leur mandat aux fluctuations
de l'opinion publique.

« Le gouvernement, disait Hamilton, est tenu de
« remplir une double mission ; s'il doit se manifester
« par des actes soudains ayant un résultat immédiat,
« son devoir consiste aussi à prendre une série de
« mesures sagement concertées, qui aient des effets gra-
« duels sur la marche des événements et entraînent des
« conséquences lointaines pour la prospérité future du
« pays. De là découle l'impérieuse nécessité de créer
« dans l'État un corps spécial, investi de pouvoirs pro-
« longés, afin de conduire les entreprises à long terme
« avec la continuité de vues qu'elles réclament et d'en
« assumer la responsabilité » (1).

La durée plus longue du mandat permettra au Sénat
de suppléer au défaut de connaissances, à l'inexpérience
législative et au peu d'indépendance des représentants
qui, nommés pour un temps trop court, ne peuvent se
dégager d'inquiétudes constantes sur leur avenir électoral et politique.

1. *The Federalist,* p. 475-476.

La durée du mandat de sénateur fut, parmi les articles de la Constitution fédérale, un des plus vivement discutés en 1788.

Hamilton demandait que le mandat sénatorial fût viager : la Convention de Philadelphie repoussa ce projet et en limita la durée à six ans. Ce mandat de six ans lui-même souleva de nombreuses objections. On lui reprochait de faire des sénateurs des aristocrates dangereux, tout prêts à oublier la Chambre législative qui les avait élus et quelques-uns allèrent même jusqu'à demander que la Chambre législative d'un Etat eût le droit de révoquer le sénateur. Cet amendement, qui échoua du reste, fut recommandé par une convention de la Pensylvanie, réunie dans ce but après l'adoption de la Constitution. Cependant la Convention de Philadelphie finit par accepter ce mandat sénatorial de six ans. Le Sénat verra donc se renouveler trois législatures, deux présidents (quatre ans). De plus, son caractère modérateur s'accentue par ce fait qu'il n'est pas renouvelé intégralement tous les six ans, mais par tiers tous les deux ans. Les sénateurs, en effet, doivent, d'après la Constitution, être répartis en trois groupes aussi égaux que possible et les sièges de chacun de ces groupes sont renouvelés tous les deux ans : de plus, le renouvellement biennal a été réglé de telle manière que les deux sénateurs d'un même Etat ne fussent pas simultanément élus.

La durée relativement longue du mandat de sénateur assurait donc bien au Sénat, dans l'esprit des constituants la mission d'introduire l'esprit de suite dans les conseils du gouvernement. Du reste l'expérience a démontré que cette durée n'était nullement exagérée : elle est une des causes qui ont rendu la réélection des sénateurs plus facile que celle des membres de la Chambre des représentants, résultat qui peut offenser les puritains de la doctrine démocratique, mais qui n'en a pas moins tourné à l'avantage du pays. Il est curieux ici de constater que les sénateurs de petits Etats sont plus souvent réélus que ceux des Etats plus importants : la raison en est que, dans les petits Etats, les compétitions et les ambitions sont moins vives, la politique moins changeante, le peuple peut-être plus fidèlement attaché à un homme qu'il a une fois honoré de sa confiance ; le sénateur y a généralement plus de facilités pour maintenir son influence sur sa Chambre législative et si, d'autre part, le corps électoral est accessible à l'argent, il lui sera plus facile que dans un Etat plus important d'user de ce procédé de corruption.

Ce mandat de six ans a donc eu, avec le renouvellement par tiers tous les deux ans, la plus heureuse influence sur la composition du Sénat : « Rajeunie et vivifiée par « le courant des idées nouvelles, la Chambre haute se « compose d'hommes rompus aux affaires et de sens ras- « sis, mais actifs encore, très aptes aux luttes parlemen- « taires et peu enclins à s'immobiliser dans une ré- « sistance systématique aux impulsions hostiles de « l'opinion dont ils savent, au besoin, modérer les

« impatiences Le maintien des traditions et la possibi-
« lité du progrès semblent se concilier au moyen de cette
« combinaison qui réalise la perpétuité du Sénat, miti-
« gée par le changement partiel et périodique des séna-
« teurs (1) ».

Vérification des pouvoirs sénatoriaux, (art. 1, section 5).
— « Chacune des deux Chambres sera juge des élections
« et vérifiera les pouvoirs et qualifications de ses propres
« membres ». Bornons-nous à remarquer que cette règle, absente dans la Constitution anglaise, existe également dans la nôtre.

Nature de la mission des sénateurs. — La nature fédérale des Constitutions a parfois entraîné une conception
toute particulière du régime représentatif.

Ordinairement, dans les pays unitaires, on considère
les élus aux Chambres législatives non comme délégués
de leurs électeurs, mais comme représentants de la nation tout entière; par suite, puisqu'ils ne tiennent pas, en
droit, leurs pouvoirs d'un collège électoral spécial, mais
bien de la nation, on ne peut leur imposer de mandat
impératif, c'est-à-dire les contraindre à voter dans un
certain sens et à les révoquer dans le cas où ils enfrein-
draient les prescriptions qu'on leur a imposées. Ce serait
contraire au principe de la souveraineté nationale, une
et indivisible, qu'on fractionnerait ainsi en autant de
parcelles qu'il existe de circonscriptions électorales.

1. De Noailles, « *Cent ans de république aux Etats-Unis* ».

Il peut en être tout autrement dans les pays fédératifs
où on a longtemps considéré la mission des membres de
la Chambre haute surtout comme un véritable mandat.
En effet, le mandant est un Etat particulier, indépendant
à ce point de vue, et non une partie indissoluble d'un
même corps social, comme l'est, dans les autres pays,
un collège électoral. Une application de cette idée existe
encore actuellement en Allemagne où le mandat impératif est de mode pour les membres du Bundesrath.
Aux Etats-Unis, ce principe a disparu peu à peu, sinon
en fait, du moins en droit : les sénateurs n'y sont plus
de simples porte-paroles, mais bien des représentants
ayant le droit d'agir en toute indépendance.

La Constitution des Etats-Unis, qui ne renferme pas de
texte prohibant le mandat impératif, contient cependant
un article qui semble l'interdire implicitement. Le
chap. 1, section 6, art. 1, décide en effet que les membres des deux Chambres seront rémunérés par le trésor
fédéral. Or une des conséquences admises du mandat
impératif est que le délégué doit recevoir l'indemnité
parlementaire de la circonscription électorale qui l'a
élu. De plus, lors de la discussion de la Constitution,
on décida « que les sénateurs voteraient, non comme
« délégués des Etats, mais comme individus, autrement
« dit que chacun des deux sénateurs aurait son vote pro-
« pre (1) ; que, dans le Sénat, ce ne serait pas l'Etat de

1. Les deux sénateurs d'un même Etat peuvent très bien appartenir à deux partis opposés et par conséquent émettre des votes

« Delaware ou de Rhode-Island qui voteraient, mais des
« sénateurs n'écoutant que leur conscience (1). »

Cependant, au début de la mise en vigueur de la Constitution, les sénateurs américains se considéraient
comme de simples mandataires et ne prenaient pour
guides, dans leurs votes, que les intérêts particuliers des
Etats. On peut même voir que les instructions usitées
dans les communications de plusieurs Etats à leurs sénateurs sont qualifiées du terme d' « instructed » dont
la signification est « munis d'instruction ». « Tout ce qui
« a été recueilli de la correspondance des sénateurs avec
« les Assemblées locales prouve, dit M. Boutmy, que,
« dans les premiers temps, ils se considéraient comme
« de simples fondés de pouvoirs en relation cons-
« tante avec des commettants dont la volonté était leur
« loi ».

On pourrait, du reste, citer plusieurs exemples venant
à l'appui de M. Boutmy. Sous la présidence Jakson, par
exemple, le sénateur Tyler, ne croyant pas pouvoir, en
conscience, voter pour le rapport de la résolution relative à la banque nationale, comme il en avait reçu le
mandat de la législature de son Etat, donna sa démission.

---

absolument contraires : il en est souvent ainsi dans le cas où l'Etat
en question est divisé en deux partis de force à peu près égale et
que la majorité se balance. La majorité en effet peut très bien
changer dans l'intervalle d'une élection à l'autre.

1. Laboulaye, « *Histoire des Etats-Unis* », tome III. p. 383.

En 1828 encore, le Sénat discuta un bill ayant pour objet l'établissement de droits protecteurs sur le chanvre : cette proposition était très favorable au Kentucky. M. Rowan, sénateur de cet Etat, exposa l'injustice et les inconvénients de cette entreprise protectionniste ; mais, en terminant son discours, il ajouta : « On pourrait sup-« poser, d'après ce que j'ai dit, que je voterai contre le « bill ; mais je n'ai pas le droit de substituer mon opi-« nion individuelle à celle de mon Etat ».

Ces exemples ont presque totalement disparu aujourd'hui et les sénateurs sont arrivés à se considérer comme absolument libres et indépendants dans l'émission de leurs votes : ils n'hésitent pas à léser les intérêts particuliers de l'Etat qu'ils représentent, lorsque l'intérêt général de l'Union leur paraît en jeu. En 1894, M. Kyle saisit le Sénat d'une proposition défendant au gouvernement d'intervenir dans la grève de Chicago. Le sénateur Davis reçut un télégramme de la législature de son Etat, lui enjoignant de voter pour la proposition. Il répondit qu'au contraire il croyait nécessaire l'intervention du gouvernement fédéral et, qu'en conséquence, il voterait contre la proposition. Ce petit exemple prouve bien qu'à l'heure actuelle le mandat impératif n'est plus de mise aux Etats-Unis ; les sénateurs y gardent maintenant une complète liberté et sont seuls juges de leurs votes.

CHAPITRE III

FONCTIONNEMENT.

SESSIONS. PRÉSIDENCE. SÉANCES. COMMISSIONS.

Sessions. — « Le Congrès se réunira au moins une
« fois par an et cette réunion aura lieu le premier lundi
« de décembre, à moins que lui-même ne fixe par une loi
« un jour différent. Aucune des deux Chambres ne
« pourra, sans le consentement de l'autre, s'ajourner à
« plus de trois jours ni se transférer dans un autre lieu
« que celui où siégeront les deux Chambres ».

Ces règles, édictées par la Constitution fédérale, n'ont
rien de bien particulier ; on les retrouve, en effet, dans
tous les autres pays, soit unitaires, soit fédéraux.

Nous ne nous y arrêterons donc pas.

Présidence. — La Constitution des Etats-Unis dispose
que le vice-président de la République sera président de
droit du Sénat.

Quelques-uns ont prétendu qu'on avait confié la présidence du Sénat à ce magistrat parce qu'on ne savait
que faire de lui et qu'on devait masquer ainsi son inuti-
lité politique. Il est vrai que le vice-président de la République est un personnage assez embarrassant; on ne

peut, en effet, lui donner aucune influence politique, sans gêner aussitôt le président nommé avec lui. Mais ce n'est pas là, croyons-nous, la véritable raison qui a décidé les constituants de Philadelphie à lui donner la présidence de la Chambre haute : ils ont plutôt obéi à certaines considérations politiques. Le fédéralisme l'exigeait ainsi : cette attribution de la présidence du Sénat au vice-président de la République permet de maintenir intacte, dans la Chambre haute, l'égalité des différents Etats de l'Union, point d'une importance capitale pour les constituants de Philadelphie.

Que serait-il arrivé, en effet, si le Sénat avait élu son président parmi ses membres, comme certains délégués de la Convention le voulaient ? De deux choses l'une : ou l'Etat, dont un des représentants aurait été nommé président aurait perdu, au sein du Sénat, une partie de sa représentation effective, ou, en admettant le président au droit de vote, comme sa voix l'emporte au cas de partage, cet Etat aurait eu une véritable prépondérance sur les autres, sans compter l'influence qu'exerce le président en dehors de tout vote.

C'est ce que les constituants de Philadelphie n'ont pas voulu. Certains délégués demandaient cependant que le président du Sénat fût un sénateur choisi par ses collègues, prétendant qu'il remplirait son rôle avec plus d'autorité, puisqu'il devrait son élection à l'Assemblée elle-même. On leur répondit, avec raison, que le vice-

président de la République, élu par tout le peuple, avait
une autorité largement suffisante.

Lorsque le vice-président des Etats-Unis ne peut pas
présider le Sénat, notamment dans le cas où il est appelé
à remplacer dans ses fonctions le président de la République, il est remplacé par un président *pro tempore* dont
le Sénat fait choix dans son sein, en restant maître de
le changer quand bon lui semble.

Le vice-président n'a qu'une autorité très limitée en
ce qui concerne la police des séances, les décisions en
cette matière étant reconnues appartenir au Sénat lui-
même. Il n'a pas le droit de vote ; mais il a voix prépondérante au cas de partage seulement.

Il est facile de comprendre pourquoi on a refusé en
général le droit de vote au vice-président : c'est qu'en
effet il n'est pas sénateur. Comme conséquence de cette
idée, toutes les fois qu'en son absence le Sénat est présidé par un président *pro tempore,* ce dernier, qui est
sénateur, peut voter comme les autres membres de l'Assemblée. La Constitution ne le dit pas expressément,
mais cela résulte de ce que le législateur américain n'a
pas refusé le droit de vote au président du Sénat en tant
que président de la Chambre haute, mais en tant que
vice-président de la République.

Remarquons en passant que, de même que le vice-
président n'est pas choisi par le Sénat américain, mais
par le peuple, et n'est pas, à proprement parler un, membre du Sénat, de même le Lord chancelier en Angleterre

n'est pas choisi comme président par la Chambre des lords, mais par le souverain, sans qu'il soit nécessairement un pair. Toutefois nous croyons qu'il n'y a là qu'une simple coïncidence qu'il ne faut pas attribuer au désir, de la part des américains, d'imiter l'Angleterre.

Séances. — La constitution des Etats-Unis donne toute liberté au Sénat, comme à la Chambre des représentants du reste, pour décider si les séances seront publiques ou secrètes. « Chaque Chambre tiendra un journal de ses « actes et le publiera de temps en temps, à l'exception « des parties qui peuvent, dans l'opinion de ses mem- « bres, exiger le secret » (chap. I, sect. 5, art. 3).

Pendant les premières années de la mise en vigueur de la Constitution fédérale, le Sénat fit sa principale occupation de collaborer avec le chef de l'Etat à la nomination des ministres, au choix des ambassadeurs et à la conclusion des traités, laissant à la Chambre des représentants presque toute l'activité législative. Comme il remplissait surtout des fonctions exécutives, pour lesquelles le secret est de rigueur, il délibérait à huis clos : c'est du reste encore maintenant, comme nous le verrons, la règle générale. « Un document négligé, dit M. Boutmy, les an- « ciens « standings-orders » du Sénat fournissent la « preuve irrécusable de cette réserve volontaire. On y « voit que, pendant cinq ans, la haute assemblée s'abs- « tint d'avoir des séances publiques. Quant elle délibé- « rait dans sa capacité exécutive ou diplomatique, le « secret était de stricte convenance. Même aujourd'hui,

« ces sortes de délibérations — on comprend pourquoi —
« ne sont pas publiques. Au contraire, les délibérations
« d'ordre législatif et financier ne s'accommodent pas du
« huis clos. Si, pourtant, on les tenait secrètes, c'est
« qu'elles étaient considérées comme une fonction acces-
« soire du Sénat pour laquelle on jugeait superflu de
« faire les frais d'une règle spéciale. C'est le 20 février
« 1794 seulement que le Sénat consentit à ouvrir ses
« portes au public. Encore y mit-il quelque hésitation ;
« plus d'un membre de la haute assemblée estimait
« qu'elle sortait ainsi de son rôle mystérieux de conseil
« et de confident du pouvoir exécutif. (1) »

Encore aujourd'hui lorsque le Sénat commence sa session exécutive, on fait le vide dans les galeries et on
ferme les portes. Le secret des mesures prises est supposé
assuré par la menace de l'expulsion à laquelle s'expose
le sénateur indiscret. Néanmoins, en pratique, les membres de la presse ne rencontrent que peu de difficultés à
se procurer des renseignements sur ce qui se passe en
séance secrète (2).

1. Boutmy, *Etude de droit constitutionnel*, p. 121.
2. On prétend que le secret est mieux observé pour les discussions des traités que pour les nominations. Il y a quelques années,
un journal de l'Ouest publia le compte-rendu d'une séance secrète.
A la suite de cet incident, une commission fut nommée pour faire
une enquête et questionna chaque sénateur. Tous déclarèrent sur
serment qu'ils n'avaient pas divulgué ce qui s'était passé et les ré-
dacteurs du journal jurèrent également ne pas tenir leurs renseignements d'un sénateur. On ne découvrit rien, et personne ne fut
puni.

La punition qui pèse sur la tête des sénateurs n'a jamais été appliquée et ils ont eux-mêmes bien souvent le désir de mettre le public au courant des faits et gestes de leurs collègues.

Depuis quelque temps un mouvement s'est dessiné dans le Sénat en faveur de la suppression du secret, particulièrement en ce qui concerne les nominations aux fonctions publiques, et dans le pays on est assez porté à croire que la publicité des séances serait une bonne chose au point de vue moral. Mais tandis que quelques membres peu scrupuleux du Sénat aiment l'obscurité parce que leurs manœuvres sont perfides, d'autres membres d'une honorabilité indiscutable défendent le système actuel qu'ils considèrent comme une garantie de l'autorité et de la dignité de leur assemblée.

Pour recueillir les votes, on ne sépare pas les sénateurs dans des chambres, pour les compter, comme cela se fait dans le Parlement Britannique : mais on les appelle par ordre alphabétique. La Constitution décide que chaque fois que le cinquième des membres présents au moins en fera la demande, les votes du Sénat seront consignés dans le journal. A l'appel de son nom, chaque sénateur répond par un « oui » ou par un « non » : il peut toutefois solliciter du Sénat la permission de s'abstenir et, s'il s'est associé avec un de ses collègues, il fait remarquer, au moment voulu, qu'il marche avec tel ou tel sénateur et se trouve, de ce fait, excusé.

La salle consacrée aux séances du Sénat est rectangu-

laire : la partie réservée aux sénateurs est en forme de
demi-cercle : le vice-président des Etats-Unis qui, comme
nous l'avons vu, remplit les fonctions de président, a son
fauteuil sur une plate-forme en marbre légèrement
élevée, au milieu du diamètre : les sénateurs sont
tous, par suite de la disposition circulaire des rangs,
tournés de son côté, assis dans des fauteuils, avec un pu-
pitre en face.

Un sénateur s'adresse toujours au président en ces termes: « Monsieur le Président », et désigne ses collègues par
le nom de leur Etat « le sénateur de l'Ohio », par exemple.
Lorsque deux sénateurs se lèvent en même temps, le président en appelle un, en se servant également du nom
de son Etat : « le sénateur de Mimesota a le *parquet*
(parole) ».

Les sénateurs du parti démocratique ont apparem-
ment toujours siégé à la droite du président et les sénateurs républicains à la gauche : mais les partis ne sont
pas en face l'un de l'autre.

L'impression que fait la salle du Sénat sur le visiteur
est une impression de gravité telle qu'on la ressent dans
un milieu industriel, une gravité simple empreinte toutefois de dignité. Le Sénat a moins l'air d'une Assemblée
populaire que d'un Congrès de diplomates. La Chambre
des lords anglaise. avec son plafond ciselé, ses fenêtres
enrichies des portraits des anciens rois, son trône majes-
tueux, son Lord chancellier en perruque assis sur un sac
de laine, ses bancs d'évêques en robe, sa barrière der-

rière laquelle les membres de la Chambre des Communes s'entassent les jours de grands débats, n'est pas seulement plus fastueuse et plus pittoresque dans son aspect extérieur; elle s'adresse aussi avec autrement de force à l'imagination et aux souvenirs historiques donnant l'illusion du moyen âge dans le monde moderne. Le Sénat américain est sévère et pratique : aussi ses débats, à de rares exceptions, n'atteignent pas la hauteur des meilleurs débats de la Chambre anglaise. En revanche, il a rarement cet aspect de vide et d'insouciance, d'indolence et de vieillesse qu'offre, sauf à quelques séances de chaque session, la Chambre des lords. Les physionomies sont expressives et énergiques comme il convient à des hommes qui ont appris à connaître le monde et qui ont beaucoup affaire avec lui : la salle, en un mot, paraît consacrée aux grandes affaires.

Les discussions dans cette Assemblée sont sensées et pratiques, les discours plus courts et moins passionnés qu'à la Chambre des représentants; car plus une Assemblée est nombreuse, plus elle est portée à la déclamation. Les débats les moins utiles ont lieu les jours de parade, lorsqu'une série de grands discours préparés d'avance sont prononcés sur des questions préoccupant l'opinion publique. Chaque sénateur arrive avec un discours soigneusement étudié, n'ayant très souvent que peu de rapport avec ce qui a été dit jusque-là. — En fait, ces discours ne sont pas faits pour convaincre l'Assemblée — personne n'y songe — mais pour maintenir intact aux yeux du peuple le prestige d'un homme et pour soutenir sa réputation. La solution de la question, on peut en être sûr, a été déjà décidée, soit dans un comité ou dans un « caucus », du parti qui impose ses volontés à la majorité : ce qui fait qu'en fin de compte ces longues et sonores harangues ne sont que des foudres de rhétorique à l'adresse de la nation (1).

Comités permanents. — La difficulté constante d'un gouvernement libre est d'avoir de grandes assemblées capables d'assurer le fonctionnement rapide et aisé des pouvoirs législatif et exécutif. Pour venir à bout de cette difficulté, trois méthodes peuvent être employées.

Une première consiste à ne soumettre à l'Assemblée législative que très peu de questions, relativement simples, en réservant toutes les autres soit à un corps plus petit et permanent, soit à des fonctionnaires exécutifs.

Une seconde méthode est de diviser les Assemblées législatives en parties bien définies, chaque partie reconnaissant comme chef ou directeur un ou plusieurs leaders, de sorte que les membres de chaque groupe n'ont pas de volonté propre, mais agissent au commandement de leur chef.

Enfin, la troisième méthode, qui. du reste, peut être combinée avec la seconde, consiste à diviser les Assemblées en petits corps où les questions sont renvoyées : c'est le système des comités, appliqué dans une certaine

_____

1. Bryce, *La république américaine.*

mesure en Angleterre, d'une façon plus intense en France, sous le nom de bureaux et commissions. Il existe surtout aux Etats-Unis de l'Amérique du Nord.

Lorsque le Congrès des Etats-Unis du Nord s'est réuni la première fois en 1789, les deux Chambres se trouvèrent, comme les législateurs d'Etat l'avaient été et l'étaient encore, sans membres revêtus d'un caractère officiel et sans chefs. Le Congrès de la Confédération (1781-88), n'avait été en effet qu'une sorte de Congrès diplomatique des envoyés de chaque Etat et ne donnait que peu de précédents pouvant servir au nouveau.

Le Sénat s'occupa surtout de fonctions exécutives et ne nomma pas de comités permanents avant 1816. Cependant la Chambre haute avait des bills à discuter, des projets de taxation à étudier, de graves questions budgétaires à résoudre. Le besoin se fit sentir de nommer des commissions qui feraient une première étude des affaires et rédigeraient des exposés. On en nomma d'abord un très petit nombre : en 1882, nous n'en trouvons encore que cinq ; mais peu à peu, avec l'augmentation graduelle du nombre des sénateurs et la marche sans cesse croissante des affaires, on fut amené à augmenter le nombre de ces comités et à leur renvoyer de plus en plus les affaires.

En 1892, nous trouvons au Sénat fédéral 44 comités permanents nommés pour deux ans, c'est-à-dire pour la durée d'un Congrès: ces comités, de même que leur président « chairman », sont choisis non par le président du Sénat, mais par le Sénat lui-même votant au scrutin secret. Il convient toutefois de remarquer qu'en pratique ils sont proposés par les « caucus » de la majorité et de la minorité réunis en assemblée secrète, et enfin choisis en bloc par le Sénat (1).

Chaque comité se compose de 2 à 13 membres, le plus souvent de 7 ou 9. Tous les sénateurs font au moins partie d'une commission, quelques-uns de quatre ou même davantage. Les présidents de ces comités sont nommés par le Sénat et non par ces comités eux-mêmes (2).

Tout bill est renvoyé, après la première et la deuxième lecture qui, comme on le sait, ne sont que de pures formalités, à une commission permanente qui l'examine, le corrige, toujours en séance secrète, et le renvoie au Sénat. Ces commissions n'ont pas, en principe, le droit d'initiative, c'est-à-dire le droit de proposer un bill ; mais, comme on leur reconnaît celui d'amendement et que, d'autre part, elles peuvent toujours s'arranger de façon à se faire présenter un bill, leur pouvoir est en réalité sans bornes.

1. Au contraire, à la Chambre des représentants, les membres de ces comités sont nommés par le « speaker » (président), au commencement de chaque Congrès, et le premier membre nommé est président de droit pendant les deux années à courir.

2. En dehors de ces comités permanents, il existe aussi des comités spéciaux (*select comites*) nommés pour un objet déterminé et pour une session seulement.

Quels résultats a donné ce système des comités permanents ?

Selon nous, il a de graves inconvénients. Tout d'abord, les comités sont arrivés peu à peu à rompre l'unité législative et à se substituer au Sénat lui-même : toutes les questions sont discutées dans leur sein, au lieu de l'être dans l'Assemblée.

Ce système n'offre de plus aucune garantie et facilite la corruption : les voix peuvent être achetées au sein de chaque comité sans grande crainte de scandale public, puisque les débats y sont secrets. Il affaiblit l'intérêt que la nation pourrait porter aux travaux du Sénat et, enfin, il a donné naissance à ce qu'on est convenu d'appeler les « hommes de couloir », les « lobbyists » qui sont constamment à la poursuite des membres des commissions et obtiennent par tous les moyens la passation de bills favorables à leur parti ou à leurs intérêts.

Si ce système est tellement défectueux, comment expliquer qu'il subsiste encore aux États-Unis ? La raison en est simple : c'est que les Américains n'ont pas jusqu'à ce jour trouvé de combinaison meilleure et que la grande quantité de bills à passer et de questions à résoudre empêche le Sénat d'accomplir cette mission avec fruit. Il a fallu faire une gigantesque division du travail et, seul, le système des comités, malgré ses nombreux inconvénients, pouvait assurer cette division.

CHAPITRE IV

Section I. — Attributions exécutives.

C'est par ces attributions exécutives que le Sénat des
Etats-Unis se distingue essentiellement des autres parlements modernes. Il puise dans les pouvoirs d'ordre exécutif dont il jouit, une force qui lui permet de résister
énergiquement à l'Assemblée populaire en faveur de
laquelle existe toujours le préjugé de prépondérance
dû à son mode d'élection. Rien ne donne plus de force à
une Assemblée que son ingérence dans la politique gouvernementale, car non seulement elle dicte sa volonté
par le vote des lois, mais encore elle a l'immense avantage d'en surveiller l'application par le contrôle du pouvoir exécutif, de diriger à son gré la politique puisqu'une
partie de son rôle consiste à inspirer le gouvernement, à
le conseiller, à l'appuyer dans ses entreprises; de son
côté, le gouvernement, trouvant un appui dans cette
Assemblée, est tout disposé à se coaliser avec elle, à lui

prêter main-forte pour vaincre les résistances de l'autre Chambre.

C'est grâce à l'importance capitale du rôle de Conseil exécutif, que le Sénat fédéral tient incontestablement la première place au Congrès : sa prépondérance est même telle que certains auteurs, tels que M. Moncure Conway, l'ont trouvé trop puissant.

Avant d'entreprendre l'énumération et l'étude des attributions exécutives du Sénat des Etats-Unis, il convient d'examiner les raisons qui ont décidé les constituants à lui accorder ce rôle exécutif.

Dans les pays de régime parlementaire, c'est-à-dire où le gouvernement est tenu de se conformer aux volontés de la majorité du Parlement, on n'a pas à craindre un excès de puissance de sa part ; il est donc inutile de prendre des précautions contre lui. Il en est tout autrement dans le régime non parlementaire, appelé généralement présidentiel et adopté par la Constitution fédérale des Etats-Unis de l'Amérique du Nord. Là, le pouvoir exécutif est indépendant ; mais il ne saurait l'être d'une façon pleine et entière ; sinon il exercerait une prépondérance telle qu'elle aboutirait rapidement à paralyser le pouvoir législatif. Tout pouvoir que rien ne limite tend toujours, en effet, à étendre le cercle de ses attributions, à tout absorber et le pouvoir exécutif, mieux que tout autre, peut atteindre rapidement ce but grâce aux moyens de contrainte dont il dispose.

Il était donc nécessaire de mettre un frein à l'omnipo-

tence de l'exécutif. « Le besoin de trouver un contre-
« poids à tous les degrés de l'échelle gouvernementale a
« contribué à élargir notablement la situation du Sénat
» dans le mécanisme général des institutions. C'est ainsi
« qu'on le verra associé en grande partie au pouvoir
« exécutif pour l'exercice de quelques-unes de ses plus
« importantes prérogatives, tant l'on redoutait l'influence
« immodérée d'un président et tant le parti des Etats
« s'efforçait de faire prédominer l'élément fédéral dans
« le gouvernement de l'Union » (1).

Pourquoi maintenant avoir confié ce rôle de contre-
poids au Sénat?

Puisque les législateurs fédéraux voulaient autant que
possible séparer les pouvoirs exécutif et législatif, pourquoi, par exemple, ne pas attribuer à un conseil spécial
n'ayant rien de commun avec les Assemblées législatives
le soin de contrôler le pouvoir exécutif?

Les premières Constitutions d'Etat avaient agi ainsi :
elles avaient, en effet, établi un Conseil exécutif distinct
de la Chambre haute de la législature. Certains membres
de la Convention de Philadelphie proposèrent de suivre
cet exemple : leur tentative échoua complètement. On
leur fit remarquer qu'un semblable Conseil n'aurait pas
manqué de devenir suspect ; nommé par le pouvoir exécutif, il aurait été sous sa dépendance et par suite incapable d'exercer librement ses fonctions. Le contrôle par

____

1. Carlier, *La République américaine.*

une Assemblée inspira plus de confiance à la Convention qui, s'écartant du principe de la séparation des pouvoirs confia ce contrôle au Sénat fédéral.

Plusieurs raisons poussèrent les constituants à choisir le Sénat de préférence à la Chambre des représentants, La première et la principale, c'est qu'ils voulaient donner le plus d'attributions possible à l'Assemblée où les Etats étaient également représentés, pour permettre aux petits Etats de s'opposer à toute tentative entreprise par les grands contre eux. Les petits Etats étaient jaloux de leur indépendance et essayaient de l'assurer par tous les moyens. « Tout l'effort des petits Etats a dû être de déve-
« lopper les attributions du corps où ils étaient repré-
« sentés dans une mesure disproportionnée à leur éten-
« due et à leur densité. La part considérable et les droits
« multiples dévolus au Sénat américain n'ont donc pas
« été, en principe, un tribut payé à l'esprit de conserva-
« tion et à la supériorité de culture que le suffrage à
« deux degrés pose pour introduire dans l'Assemblée po-
« litique qui en émane : ils ont été surtout une garantie
« qu'on donnait à exercer, au profit des moindres et des
« moyens Etats, à l'Assemblée où leur opinion pesait du
« même poids que celle des grands Etats. Le privilège
« exhorbitant du Sénat américain est moins une précau-
« tion contre les effets de l'égalité démocratique qu'une
« protection pour l'égalité des souverainetés indépendan-
« tes qui ont formé l'union fédérale. » (1)

1. Boutmy, *Etudes de droit constitutionnel.*

En second lieu, comme le fait justement remarquer M. de Chambrun, « il était difficile de trouver une com- « binaison plus satisfaisante ; le Sénat est peu nombreux, « il se renouvelle par tiers et constitue un corps perma- « nent ; il peut donc maintenir ses traditions ; d'autre « part, grâce aux rapports intimes qui s'établissent de « la sorte entre l'exécutif et lui, il est initié aux grandes « affaires » (1). Cela était surtout vrai au début du XIXe siècle.

Enfin l'exemple donné par les anciennes colonies cons- titue une troisième raison de l'attribution au Sénat de ce contrôle du pouvoir exécutif. C'est en effet dans les Cham- bres hautes des législatures coloniales que se trouve l'origine des attributions exécutives du Sénat fédéral ac- tuel.

Quoi qu'il en soit, la solution adoptée par la Convention de Philadelphie n'a pas été sans soulever de vives criti- ques. D'après les uns, le pouvoir exécutif se trouvait fati- gué et amoindri : d'une part, en effet, on lui donnait un moyen d'exercer sur le Sénat une influence illégitime qu'il acquérerait bientôt en nommant des fonctionnaires agréa- bles à la Chambre haute : d'autre part, c'était consacrer l'empiétement du Sénat sur les fonctions exécutives. Les partisans du système qui fut adopté, Hamilton en parti- culier, s'attachèrent à réfuter ces objections en démon- trant que les deux arguments se détruisaient l'un l'autre.

1. De Chambrun, *Le pouvoir exécutif aux Etats-Unis.*

Les constituants leur donnèrent raison et aujourd'hui encore, en présence des résultats du système, la controverses est ouverte entre les partisans et les adversaires de la solution adoptée à la Convention de Philadelphie.

Ces préliminaires terminés, nous allons passer à l'étude des fonctions exécutives du Sénat.

Elles sont de deux sortes :

1° Approuver les nominations faites par le Président des fonctionnaires fédéraux, juges, ministres d'Etat et ambassadeurs ;

2° D'approuver, mais à la majorité des deux tiers au moins des membres présents, les traités faits par le président.

Nomination des fonctionnaires.

Pour quels fonctionnaires le concours du Sénat est-il requis ?

La constitution fédérale dit que le président des Etats-Unis « présentera et nommera, sur et avec l'avis et le « consentement du Sénat, les ambassadeurs et autres « ministres publics, les consuls, les juges de la Cour su-« prême et tous les autres fonctionnaires des Etats-Unis « à la nomination desquels il n'est pas autrement pour-« vu par la présente constitution et dont les emplois « seront créés par la loi » (chap. II, sect. 2, art. 2).

Telle est la véritable interprétation du texte américain qui est généralement mal traduit, comme le signale M. Boutmy, dans ses Etudes de droit constitutionnel. « Le « mot « nominate », dit-il, qui signifie comme le latin *no-*

« *minare* « présenter, proposer, donner des noms » est
« traduit invariablement par « nommer » et le mot « ap-
« point » qui signifie « nommer à une place, commission-
« ner » est traduit invariablement par « désigner » en
« sorte que le sens est complètement dénaturé et qu'une
« opération unique, exprimée par un pléoasme banal,
« prend la place de cette procédure ingénieuse que le lé-
« gislateur a si nettement décrite dans le texte original ».

Constatons en passant que de l'énumération donnée
par la constitution il résulte qu'il ne s'agit que des fonctionnaires fédéraux. Ceux des Etats particuliers n'y sont
point compris.

Le pouvoir exécutif étant indépendant, il était à craindre qu'une fois investi du droit exclusif de nommer les
fonctionnaires il n'acquit bientôt une autorité despotique
et dangereuse pour les libertés publiques : les fonctionnaires, se trouvant en effet à son entière discrétion, n'auraient
été que des instruments dociles entre ses mains.

D'autre part, on se serait trouvé exposé, à chaque
changement de président, à voir l'administration entièrement bouleversée.

C'est donc pour mettre un frein à l'omnipotence du
Président et en même temps pour donner à l'administration une stabilité qui lui est nécessaire que la Convention
de Philadelphie édicta la règle de l'intervention du Sénat dans le choix des fonctionnaires, tout au moins des
fonctionnaires d'ordre supérieur, car la fin de l'article ci-
dessus est ainsi conçue : « Le congrès pourra, par une

« loi, attribuer la nomination des employés inférieurs,
« quels qu'ils soient, soit au président seul, soit au cours
« de justice (*courts of law*), soit aux chefs des départe-
« tements ».

Les titulaires d'emplois secondaires n'agissant que
d'après les ordres des fonctionnaires supérieurs, il n'y
avait aucun inconvénient à en laisser la nomination sans
contrôle.

Ceci dit, quels emplois sont d'ordre supérieur et quels
d'ordre inférieur ? Dans la pratique, on ne distingue pas
nettement les limites séparant les fonctionnaires supérieurs des employés subalternes « On ne trouve indiquée
« nulle part, dit M. Carlier, la ligne séparative des
« emplois dits inférieurs d'avec ceux qualifiés supérieurs,
« en sorte que le Congrès a une grande latitude d'inter-
« prétation causée par le vague des termes employés
« dans la Constitution. Le nombre des emplois inférieurs
« est très considérable en fait 1) ».

Bornons-nous donc à constater ces deux principes : la
nomination des fonctionnaires supérieurs est donnée au
Président et au Sénat réunis : pour qu'il en fût autrement il faudrait un texte constitutionnel. Celles des fonctionnaires inférieurs, est, en principe, donnée également
au Président et au Sénat ; toutefois le Congrès peut par
une *loi* décider que la nomination appartiendra au Président seul, ou aux cours de justice ou aux chefs de servi-
ces publics.

1. Carlier, « *La république americaine* », tome II.

En dehors de ces fonctionnaires, la Constitution exige
également le concours du Sénat pour la nomination des
« ambassadeurs, autres ministres publics, consuls, juges
de la Cour suprême ». Seule, une réforme constitutionnelle pourrait lui enlever cette prérogative (1). Il résulte
donc de là que le contrôle du Sénat américain s'applique même à la nomination des secrétaires d'Etat ou ministres. « Il peut sembler étrange que le citoyen qui a
« été élevé à la haute situation de Président de la Répu-
« blique par le suffrage du pays tout entier et qui est
« responsable envers lui, ne soit pas libre du choix de
« ses conseillers immédiats, alors surtout que la Consti-
« tution le laisse libre de prendre et de suivre ou non
« leur avis et que ces ministres ne forment pas consti-
« tutionnellement un cabinet dans le sens européen du
« mot (2). » Il faut reconnaître en effet que le Président
qui est responsable, aura une situation gênante et fâ-
cheuse s'il est entouré de ministres dont les idées diffè-
rent des siennes : et cela pourrait très bien arriver, car
bien souvent le parti qui élève le Président à la première magistrature de l'Etat, n'est pas celui qui a la ma-

1. En Allemagne, la nomination du chancelier appartient exclusivement à l'empereur. M. Bismark était trop clairvoyant pour ne
pas comprendre la parfaite communion d'idées qui devait exister
entre l'empereur et son chancelier : aussi a-t-il refusé énergiquement l'intervention du Bundesrath : agir autrement aurait été confier indirectement au Conseil fédéral le choix de son président, et
M. de Bismark voulait, au contraire, que ce président fut avant
tout une créature de l'empereur.

2. Carlier, *La republique américaine*.

jorité au congrès. Le Sénat fédéral l'a bien compris : aussi a-t-elle presque toujours ratifié les présentations à lui faites par le Président.

Le Sénat fédéral doit-il donner son approbation pour la nomination du général en chef ?

D'après la Constitution, le Président est général en chef de l'armée : mais, en pratique, il délègue ordinairement ce pouvoir. Ne peut-on pas alors considérer qu'il ne fait qu'exercer les droits qui lui sont conférés par le chapitre II, section II, article 1er de la Constitution ? L'occasion ne s'est jamais présentée d'en référer sur ce point à la juridiction de la cour suprême. Le Président a toujours demandé la ratification de son choix au Sénat qui ne lui a jamais refusée.

Les emplois, dont le choix des titulaires est soumis à l'approbation de la Chambre haute, peuvent devenir vacants dans l'intervalle des sessions de cette assemblée. Il y a intérêt pour le bon fonctionnement de l'administration et la rapide direction des affaires, à combler immédiatement ces vacances sans attendre que le Sénat reprenne ses travaux.

La constitution fédérale (chap. II, sect. II. art. 3) a autorisé le Président à faire en ce cas des nominations provisoires et à délivrer des commissions expirant au plus tard à la fin de la plus prochaine session du Sénat. Si, pendant cette session, l'accord entre les deux pouvoirs ne pouvait se réaliser sur les nominations définitives, les emplois vacants resteraient sans titulaires jusqu'à ce que l'entente soit établie. Dans ce cas, il est pourvu à ce service temporaire par tout autre fonctionnaire reconnu apte par la loi à remplir la vacance.

En quoi consiste exactement le rôle du Sénat ?

D'après la constitution, le Sénat est appelé à donner son avis et consentement. Il n'a donc pas le droit d'initiative qui appartient au président seul. Si tel est le droit, il faut convenir que la pratique l'a bouleversé complètement. En fait, le Président est bien loin d'être libre de confier les fonctions publiques aux citoyens dans lesquels il aurait le plus de confiance : on peut même dire que la nomination appartient presque exclusivement au Sénat. En effet, lorsque le président veut nommer un fonctionnaire il s'adresse tout naturellement pour avoir des renseignements sur lui au sénateur de son état; celui-ci dispose donc de la nomination en ce sens que suivant l'avis qu'il donne sur le candidat, ce dernier est ou non nommé à la fonction qu'il sollicite. L'habitude s'est même introduite que chaque sénateur n'attend pas d'être consulté par le président et dresse à l'avance sa liste de présentations : les sénateurs se rendent ensuite le service mutuel d'approuver les choix faits par leurs collègues. Il résulte de cette pratique deux graves inconvénients : d'abord il est impossible dans ces conditions d'avoir une administration stable : en effet à chaque changement de majorité au Sénat, correspond un changement de fonctionnaires : de plus on a des fonctionnaires qui s'occupent presque exclusivement de politique au lieu de songer

aux affaires publiques. « Le Sénat, disait Hamilton, dans
« le Fédéraliste, ne doit avoir aucune part à la désignation
« des fonctionnaires. Il peut accorder ou refuser son
« approbation aux candidats présentés par le Président
« et obliger celui-ci à en désigner d'autres ; mais il n'a
« pas le droit de choisir lui-même ». Telle est l'interprétation claire et correcte de la constitution et le Sénat n'aurait pas dû sortir des limites que les constituants
avaient entendu lui imposer,

En établissant le contrôle sénatorial, on ouvrait la
porte aux abus : la tentation d'empiéter devenait trop
forte. John Adams avait bien prévu que le Sénat ne res-
pecterait pas longtemps les limites à lui assignées : les
faits lui ont donné pleinement raison. A part les secrétaires d'Etat, agents directs du président, pour lesquels
l'approbation ne saurait guère être refusée, « le chef de
« l'Etat s'est bientôt trouvé réduit à signer humblement
« les nominations décidées à l'avance par les séna-
« teurs (1) ». « Dans la pratique il existe un échange
« continuel de bons procédés entre les sénateurs et les
« Président. Les sénateurs qui ne parviennent à se soute-
« nir que par une habile distribution des fonctions pu-
« bliques, se montrent toujours prêts à appuyer dans le
« Sénat toutes les mesures de l'Administration : ils le
« font moins par conviction que pour obtenir du Prési-
« dent les faveurs dont ils ne peuvent se passer ; ils
« donnent leur vote et disposent des nominations. Les

1. *The Nation*, de New-York, 1er novembre 1877, p. 264.

« dispositions constitutionnelles se trouvent en partie
« éludées ; le Sénat n'a plus son indépendance et le
« pouvoir exécutif y perd la force et la liberté d'initiative
« que la Constitution aurait voulu lui donner (1). »

Le Congrès a parfois même essayé de porter ouvertement atteinte à l'initiative que, d'après la Constitution,
le Président doit posséder dans la nomination des fonctionnaires. En 1884, le président Arthur, suivant en cela
l'exemple de Madison et de Johnson, opposa son veto à
un bill qui « autorisait le Président à nommer Fitz John
« Porter à son ancien grade dans l'armée ». Ce bill vio-
lait ouvertement la Constitution, car il était évidemment
inconstitutionnel de donner au Président un droit qu'il
tenait de la Constitution elle-même.

Donc non seulement l'autorité présidentielle a été gra-
vement atteinte, mais on est tombé justement dans les
inconvénients mêmes que les constituants de Philadelphie
tenaient par dessus tout à éviter. « Une assemblée distri-
« buant des emplois, écrivait Hamilton, ne saurait s'af-
« franchir ni des engouements et des haines de parti ni
« des liens de l'intérêt personnel. Les choix seront forcé-
« ment déterminés par des compromis ou par la victoire
« d'une faction sur l'autre. Dans les deux cas, le mérite
« intrinsèque des candidats pèsera peu : nommez notre
« protégé et nous nommerons le vôtre : tels seront les
« termes habituels des transactions parlementaires, aux-
« quelles le bien public n'aura rien à voir » (2).

1. De Chambrun, *Le pouvoir exécutif aux Etats-Unis*.
2. Hamilton, *The Fédéralist*, page 564.

Hamilton avait exactement prévu ce qui arriverait. Les choix ne dépendent en effet à l'heure actuelle que de la protection individuelle des sénateurs qui se passent respectivement leurs candidats ; c'est ce qu'on a appelé la « courtoisie électorale » qui n'est le plus souvent qu'une réciprocité de connivences suspectes servant à couvrir les intrigues et les marchandages politiques.

D'après une coutume érigée en loi, les sénateurs et les députés du parti gouvernant se partagent les nominations pour les Etats ou les districts qu'ils représentent. Le Président ne dispose des emplois fédéraux que dans les Etats ou les districts dont les sénateurs ou les députés appartiennent à l'opposition : il y a quelques années, deux sénateurs MM. Platt Conkling et Roscœ, sénateurs de New-York, donnèrent leur démission parce que le Président Garfield se refusait à nommer leurs créatures. Les événements se tournèrent contre les deux sénateurs. S'étant représentés aux électeurs ils ne furent pas réélus. La crise fut donc évitée entre le Président et eux.

Les grades militaires du moins échappent à l'ingérence parlementaire : sans cette exception heureuse, l'armée fédérale aurait subi, comme l'administration, l'action dissolvante de la politique.

Chaque changement de Président ou de majorité étant l'occasion d'un bouleversement complet dans le personnel administratif, il ne faut donc pas s'étonner que les hommes de conscience et de mérite se détournent de la carrière administrative qui est sans sécurité avec un tel système ; c'est ce qui explique qu'aux États-Unis les grands talents ne se rencontrent ni dans l'administration ni dans la politique, mais dans le commerce et l'industrie.

L'intervention dans la nomination des fonctionnaires est donc bien le côté faible du Sénat américain, qui a eu le tort de ne pas se renfermer strictement dans les limites à lui tracées par la Constitution fédérale. Disons pour terminer qu'on a essayé de mettre fin, par une mesure législative, aux abus que nous avons signalés plus haut : l'acte du 16 janvier 1883 a voulu assurer le recrutement des fonctionnaires en dehors des influences politiques : ce but ne paraît pas avoir été atteint, du moins jusqu'à ce jour.

Négociation des traités. — D'après l'article 2, section 2, paragraphe 2 de la Constitution fédérale, le Président de la République a le pouvoir de conclure les traités, avec l'avis et le consentement du Sénat : c'est là une disposition originale qu'on ne retrouve dans aucun pays du monde. Elle a été en effet imaginée de toutes pièces par les Constituants de Philadelphie en 1787. Le pouvoir de faire des conventions diplomatiques fut discuté à fond par eux : le confierait-on au Président ou bien au Congrès ? telle était la question à résoudre. D'après Hamilton, qui a résumé la question dans le Fédéraliste, la conclusion des traités, envisagée au point de vue de l'application et des résultats, porte la marque d'un acte plutôt législatif qu'exécutif, quoiqu'aucune de ces deux qualifications ne soit rigoureusement exacte ; car il ne s'agit pas de mettre en vigueur des lois existantes, ni de créer des lois nouvelles dans le sens propre du mot. Au lieu d'être des règles prescrites par un souverain à ses sujets, les contrats passés avec les nations étrangères sont des arrangements consentis de souverain à souverain et n'empruntant force de loi qu'aux obligations morales imposées par la foi publique et le droit des gens. On se trouve donc en présence d'un pouvoir mixte. Les conditions indispensables au succès des négociations préliminaires désignent le Président pour remplir cette mission délicate. D'autre part, l'importance des traités internationaux et leurs effets sur la législation intérieure militent fortement en faveur d'une intervention parlementaire.

Les constituants finirent cependant par reconnaître qu'il était impossible de donner au Congrès le pouvoir de conclure les traités et que les qualités de célérité et de secret qu'exige la matière diplomatique ne pouvaient se rencontrer que chez le Président. On décida donc en principe que lui seul pourrait négocier les traités. Mais d'autre part il était impossible de lui laisser à lui, magistrat élu, un pouvoir absolument sans limites : cette attribution, d'une portée si considérable, puisqu'elle a pour effet de lier la nation toute entière, paraissait avec justes raisons ne pouvoir être laissée à un seul homme, sans danger pour le bien-être du pays et des libertés publiques.

Le Congrès seul pouvait être appelé à contrôler sur ce point l'œuvre du Président : dès ce moment, la question se posait de savoir si ce seraient les deux Chambres du

Congrès qui interviendraient ou une seule. L'intervention
de la Chambre des Représentants fut écartée, après une
courte discussion. Elle parut trop tumultueuse et trop
mobile pour participer à la discussion d'affaires aussi
graves, où une heure d'entraînement peut avoir des conséquences irréparables. Toute assemblées dont les membres renouvelés fréquemment ont à se préoccuper sans
cesse de leur attitude devant les électeurs, est toujours
exposée à subir le contre-coup des passions du moment
et à sacrifier les intérêts permanents du pays pour conquérir une popularité passagère. Un conseil plus restreint,
plus stable, moins à la merci des hasards du scrutin,
semblait réunir davantage les qualités requises, et, en
première ligne, le calme, la sagesse et l'indépendance.
Par là, devaient se trouver mieux garantis les engagements contractés envers les puissances étrangères, tandis que les questions dans lesquelles la dignité nationale
était en jeu, pouvaient être jugées sans emportement ni
faiblesse (1).

La Convention de Philadelphie adopta l'intervention
tion unique du Sénat fédéral : les négociations, disait-ou,
marcheraient ainsi plus vite et seraient mieux à l'abri des
indiscrétions. De plus certains faisaient observer qu'il
s'agissait là d'une matière en partie exécutive et que le
Sénat, déjà chargé de plusieurs attributions de ce genre,
se trouvait tout désigné pour remplir cette dernière.

----

1. De Noailles, *Cent ans de république aux Etats Unis*, tome 1.

D'autres enfin faisaient remarquer que les affaires diplomatiques exigent un esprit de suite et de modération que l'on trouvera tout naturellement dans la Chambre haute.

Quelques-uns des constituants manifestèrent bien la crainte que des sénateurs si peu nombreux ne fussent accessibles à la corruption : cette objection fut écartée : on estima que, pour sauvegarder la sécurité et l'honneur du pays au dehors, la prudence permettait de se reposer sur un corps d'élite, représentant naturel des Etats et personnification vivante de l'Union.

Telles sont les causes et les origines du système. Voyons maintenant de quelle façon il fonctionne.

Quels sont les traités pour lesquels l'avis et le consentement du Sénat sont nécessaires ?

A s'en tenir au texte de la Constitution fédérale, tous les traités sans exception demandent l'avis et le consentement du Sénat. Il n'y a donc pas lieu de distinguer entre les traités importants et secondaires, tels que les accords, conventions, arrangements, déclarations, par exemple.

Il faut reconnaître toutefois qu'au sein de la Convention de Philadelphie des difficultés s'élevèrent sur ce point. Certains délégués voulaient faire aux traités de paix une situation à part. D'après eux, il aurait fallu, pour être logique, exiger le concours des deux Chambres du Congrès pour la conclusion de la paix : en effet, disaient-ils, la Constitution exige pour la déclaration de guerre le concours des deux Chambres. N'est-il pas logique dès lors, qu'une guerre qui ne peut être commencée qu'avec le concours des deux Chambres ne puisse être terminée que dans les mêmes conditions?

On fit observer, et c'est l'opinion qui triompha, que la solution proposée aurait pour résultat de rendre la conclusion de la paix plus difficile que celle d'un traité ordinaire : or, on ne saurait trop multiplier les facilités pour mettre fin à une guerre qui, même heureuse, ruine et désole le pays. Il n'avait donc aucune raison pour s'écarter de la règle générale adoptée : les traités de paix, comme les autres, exigent simplement l'avis et le consentement de la Chambre haute. Citons, en passant, un exemple récent, le traité de paix hispano-américain, ratifié en février 1899.

Si tel est le droit, il faut ajouter que la pratique ne s'y est pas exactement conformée. Sans doute, les traités les plus importants sont soumis à l'approbation du Sénat : les traités de commerce, d'arbitrage, les conventions consulaires, les traités d'acquisition de territoire, de délimitation des frontières, d'adhésion à une convention diplomatique déjà signée par d'autres parties par exemple, doivent tous en pratique obtenir l'adhésion et le consentement de la Chambre haute.

Mais il est à la règle générale deux exceptions: l'une certaine, l'autre douteuse : le point certain, c'est que pour certaines conventions diplomatiques, telles que les conventions postales au sens large du mot, c'est-à-dire les conventions postales proprement dites et celles relatives à l'échange des mandats-poste et des colis-postaux (postal-monnay, order and parcels, post conventions), il n'est pas besoin du consentement de la Chambre haute. Le « post-master-général », en effet, d'après une loi du 8 juin 1872, a capacité pour conclure pareilles conventions, et celles-ci deviennent obligatoires pour les Etats-Unis par la seule approbation du Président de la République.

Le Sénat n'y prend donc aucune part. Remarquons que c'est la procédure qui a été suivie pour la Convention d'Union postale signée à Vienne, le 14 juillet 1891. On peut se demander toutefois si la loi de 1872 est absolument constitutionnelle. La deuxième exception est beaucoup plus douteuse : d'après la plupart des jurisconsultes elle n'existe pas, mais en pratique, la difficulté est souvent soulevée.

Les traités engageant les finances de l'Etat, ont été, eux aussi, mais postérieurement à l'établissement de la Constitution, l'objet de vifs débats. La Chambre des représentants a essayé de bonne heure d'intervenir dans leur ratification en prétendant qu'ayant l'initiative en matières d'impôts, son intervention était indispensable et qu'elle ne pouvait pas rester étrangère à ces traités. Ce n'est plus, disait-elle, le Sénat seul qui, dans ce cas, doit donner son approbation : c'est le Congrès tout entier.

On répondit à ces prétentions qu'aucun article de la Constitution fédérale n'établissait une pareille distinction entre les traités, qu'on avait exclu la Chambre des représentants de toute participation aux négociations internationales à cause du secret et de la promptitude qui leur étaient nécessaires et que l'admettre à refuser après coup l'exécution d'un traité serait une inconséquence, en même temps qu'une violation de la Constitution. Du reste, le concours du Sénat, statuant, comme nous le verrons, à la majorité exceptionnelle des deux tiers de ses membres présents, offrait une garantie suffisante pour les intérêts financiers du pays. La Chambre des représentants, n'avait donc nulle qualité pour intervenir, fût-ce indirectement, sous prétexte de contrôle financier. C'était l'interprétation stricte et exacte de la Constitution : ce fut du reste celle qui prévalut quand s'éleva en 1795 le premier conflit sur cette question. Cette année-là, John Jay avait été chargé de négocier un traité avec l'Angleterre : ce traité entraînait des charges pour les finances. Après que le Sénat l'eût approuvé, la Chambre des représentants réclama la communication du traité et des pièces diplomatiques ; elle lui fut du reste refusée. Washington s'opposa aux prétentions de la Chambre et maintint l'intégrité de sa prérogative en même temps que de la prérogative sénatoriale, afin de ne pas créer, selon son expression, « un dangereux précédent ». Un message fut envoyé par lui à la Chambre des représentants, dans lequel, fort de la double autorité que lui assuraient sa haute situation actuelle et son titre d'ancien membre dé la Convention de Philadelphie, il établissait la véritable interprétation constitutionnelle applicable au point en litige. Nul doute, selon lui, n'était possible. Si les constituants avaient désigné le Président et le Sénat pour exercer de concert le droit de faire les traités. c'est qu'ils entendaient bien qu'aucun autre organe du gouvernement ne s'ingérât dans ces sortes d'affaires. Tout traité, signé et ratifié suivant les règles prescrites, devenait donc obligatoire, et les représentants étaient par suite tenus de voter les mesures indispensables pour lui donner plein effet.

Le message se terminait par un refus nettement motivé. « Attendu qu'il est incontestable à mes yeux que l'assen« timent de la Chambre des représentants n'est nulle« ment nécessaire pour rendre un traité valable ; attendu « que le traité conclu avec la Grande-Bretagne a été « revêtu de toutes les formalités requises et que les « pièces s'y rapportant doivent rester secrètes ; attendu « aussi que la bonne administration de l'Etat exige, à « mon avis, le ferme maintien des limites assignées aux « divers départements du pouvoir, je ne puis satisfaire à « votre requête par respect pour la Constitution et pour « les devoirs de ma charge » (1).

Après une résistance opiniâtre, la Chambre des représentants finit par céder et, le 29 avril suivant, passa un bill pour mettre le traité à exécution. Peu s'en fallut du

1. Message du président Washington, à la Chambre des représentants du 30 mars 1796. *Jared Sparks. Correspondance et écrits de Washington*, tome VI, p. 142 et suivantes.

reste que le conflit persistât : ce bill ne fût en effet passé qu'à une voix de majorité.

En 1815, sous la présidence de Madison, à propos du traité de Gand, conclu avec l'Angleterre, et, en 1867, sous la présidence de Johnson, à propos du traité par lequel la Russie cédait l'Alaska aux Etats-Unis, moyennant la somme de 7.200.000 dollars, la Chambre des représentants émit les mêmes prétentions qu'en 1796, mais ce fût en vain. Du reste, ces nouveaux conflits, quoique moins aigus que le premier, n'ont pas mis fin à la controverse et il serait exagéré de dire, même aujourd'hui, que la Chambre ne discute pas le texte adopté par le Sénat, l'accepte en silence et vote sans discussion les sommes d'argent que nécessitent les conventions diplomatiques.

Donc, pour tous les traités, même pour tous les traités de paix et ceux engageant les finances de l'Etat, l'assentiment de la Chambre haute est nécessaire et suffisant.

Comment le Sénat donne-t-il son consentement ?

La gravité exceptionnelle des questions extérieures, les conséquences funestes que la moindre faute peut entraîner dans ce domaine, les difficultés que peuvent faire naître les modifications apportées au *statu quo* international, auquel on ne saurait toucher qu'avec une extrême prudence, exigeaient une majorité plus forte que celle ordinairement requise.

Les adversaires de la Chambre haute demandaient à la Convention de Philadelphie qu'une majorité des deux tiers du nombre total des sénateurs fût nécessaire pour la ratification des traités diplomatiques. C'eût été réduire à néant le pouvoir du Sénat : une minorité tout à fait minime aurait à elle seule contrebalancé l'autorité de la Chambre haute et du président. Rendre obligatoire l'adhésion des deux tiers du nombre total des membres du Sénat eût été en fait exiger l'unanimité des sénateurs présents aux séances : c'était donner à un ou deux sénateurs le pouvoir exhorbitant de mettre en échec les décisions de l'Assemblée tout entière. D'un autre côté, tout le monde reconnaissait la nécessité d'une majorité renforcée.

Une transaction intervint et on finit par adopter la règle de la majorité des deux tiers, avec cette réserve que la proportion des voix serait établie seulement d'après le nombre des sénateurs présents au moment du vote.

« Le président aura le pouvoir de conclure les traités « sur et avec l'avis et le consentement du Sénat, pourvu « que les deux tiers des sénateurs présents y consen- « tent ».

De cette façon la majorité est assez forte pour ne donner lieu à aucune équivoque et la minorité conserve assez de puissance puisque le tiers plus un des sénateurs présents aux séances peut faire rejeter un traité approuvé par la majorité de la Chambre haute et signé par le Président des Etats-Unis.

On a même prétendu que cette puissance de la minorité constituait un réel danger, et divers incidents dans l'histoire de l'Union ont dénoté chez le Sénat ou chez des factions du Sénat une tendance à se laisser guider dans la conduite de la politique extérieure par un esprit étroit et partial et par des considérations électorales. Lorsqu'un groupe d'Etats a ou suppose avoir intérêt au rejet d'un traité passé par le président, ce traité peut être défait par les sénateurs de ces Etats. A cet effet, ils persuadent aux autres sénateurs que le bien du parti dans leur propre région exige ce rejet et doit les pousser dans les négociations futures à une attitude agressive et audacieuse. Un certain nombre de ces sénateurs, plus attachés à leur parti qu'à la justice ou à l'intérêt du pays, répondent à l'appel : ils y mettent surtout de l'empressement lorsque le Président est du parti adverse, parce qu'en défaisant son œuvre, ils humilient son administration. De cette façon ils font tomber le traité et obtiennent l'ajournement indéfini de la question. On croira peut être qu'avec des procédés pareillement vexatoires, un parti se compromet dans l'opinion publique. Mais cela n'arrive que dans les cas extrêmes. Jusqu'à ces dernières années le public était si indifférent aux affaires étrangères, si peu en mesure de les juger, que les faits de la nature de celui que nous venons de citer, échappaient le plus souvent à toute sanction. Il est plus difficile de rendre responsable une Assemblée comme le Sénat que le pouvoir exécutif, et tandis que le pouvoir exécutif a un intérêt, ne serait-ce que pour ne plus être ennuyé, à faire cesser les difficultés diplomatiques, le Sénat est dans une situation différente, et il est tout disposé à les prolonger jusqu'à ce qu'il puisse en retirer un avantage politique.

L'autorité indirecte de la minorité s'exerce donc contre le pouvoir exécutif : il faut noter ici que c'est précisément l'inverse de ce qui arrive lors du vote des actes législatifs ordinaires, contre lesquels le tiers plus une des voix d'une seule Chambre suffit à donner gain de cause au veto présidentiel. En effet, les lois frappées de veto par le Président ne peuvent devenir définitives qu'à la condition d'être votées de nouveau à la majorité des deux tiers des voix dans chacune des deux Chambres du Congrès. M. de Noailles nous explique du reste cette contradiction apparente : « La minorité, dit-il, n'a qu'une « action négative : telle est la règle constante aux Etats-« Unis. Or le veto de l'exécutif sur les lois du Congrès se « résume en une véritable négation dont il produit tout « l'effet. A telles lois qui lui sont présentées, le Prési-« dent dit non. Si la minorité parlementaire dit non de « concert avec lui, le Président l'emporte : la loi ne « passe pas. Relativement à la conclusion des traités, la « situation est toute différente. Le président a négocié « une convention diplomatique, et propose au Sénat de « l'approuver. Il accomplit un acte d'initiative, un acte « positif, et doit dès lors, s'appuyer sur la majorité « sénatoriale. La minorité reste dans son rôle de frein « et use toujours d'un droit négatif. Si elle dit non, Pré-

« sident et majorité sont battus : le traité n'est pas ra ti-
« fié » (1).

Ce pouvoir de la minorité sénatoriale a été cause de
l'échec du traité d'arbitrage avec l'Angleterre. Ce traité
avait été conclu en vue de résoudre par l'arbitrage les
différends présents et futurs entre la Grande-Bretagne et
les Etats-Unis. En général, la presse et l'opinion publique
avaient favorablement accueilli ce traité ; dans un message le président Mac-Kinley s'était exprimé très chau-
dement en sa faveur : malgré cela, il n'y eut au Sénat
que 43 voix pour et 26 contre. La majorité des deux
tiers n'ayant pas été obtenue, le traité fut rejeté (2).

La majorité requise n'a pas été obtenue également
pour le traité d'annexion des îles Hawaï : il est vrai que
le gouvernement a tourné la difficulté en procédant, en
juillet 1898, à l'annexion de ces îles par voie de résolution conjointe des deux Chambres.

Il s'en est fallu également de très peu que le 6 février
1899, le traité hispano-américain ne fut repoussé :
84 sénateurs étaient présents sur 90 ; 57 se prononcèrent
pour l'adoption, 27 contre. Le traité fut donc ratifié à la
majorité de une voix.

Observons, pour terminer, que cette majorité des
deux tiers plus un des membres présents est requise
dans toutes les circonstances graves : elle est, en effet,
non seulement nécessaire pour l'adoption des traités,

1. De Noailles, *Cent ans de République aux Etats-Unis*, tome I.
2. *Revue politique et parlementaire*, tome XIV. p. 204.

mais encore, par exemple, pour forcer le veto du Président, en cas d'impeachment et en cas de revision de la Constitution (article 5, § 1er).

Il nous reste maintenant à examiner comment, en pratique, le Sénat fédéral exerce ses attributions en matière de conventions internationales, en un mot quelle est la procédure suivie.

Dès que le Sénat reçoit le texte d'un traité accompagné du message présidentiel et des pièces diplomatiques, il se constitue en séance secrète, puis renvoie l'examen de la question à son comité des affaires étrangères qui est certainement le plus important de tous les comités permanents du Sénat.

A chaque renouvellement partiel du Sénat, ces comités, comme nous le verrons plus loin, sont remaniés, sans être cependant totalement changés, de sorte qu'il se conserve, dans chacun d'eux, une sorte de tradition, particulièrement utile dans les affaires internationales. Aussi le Sénat, sage et prévoyant, touche le moins possible à la composition de son comité des affaires étrangères et choisit, pour en faire partie, les plus éminents de ses membres. Ce comité a presque toujours été présidé par des hommes d'une valeur remarquable : MM. Charles Summer et John Forsyth notamment en ont conservé la présidence pendant de longues années. Ce comité, formé ainsi de l'élite des sénateurs et observant une extrême prudence, possède la plus haute autorité. On le regarde, à juste titre, comme l'inspirateur de la politique internationale des Etats-Unis (1).

Dès qu'il a été saisi par le Sénat, le comité des affaires étrangères étudie avec soin les documents et ordonne leur impression ainsi que celle du texte du projet de traité. Si ces documents ne suffisent pas à le renseigner complètement, il demande des explications nouvelles au secrétaire d'Etat ou même le fait venir devant lui pour entendre ses observations et exposer à nouveau la question. Le comité est alors libre de faire un rapport favorable ou défavorable à l'adoption du traité et de proposer des amendements : parfois même aucune résolution n'est formulée : tous les arguments pour ou contre sont présentés impartialement, de sorte que la discussion s'ouvre entière devant le Sénat. Quelquefois encore, afin d'éviter les conflits, le comité laisse écouler le délai spécifié pour la ratification définitive sans déposer de rapport : le Sénat, toujours maître d'en réclamer un, use rarement de son droit ; la question s'éteint doucement. Il n'y a même pas lieu de passer au vote.

Lorsque le projet de traité revient au Sénat, celui-ci se prononce après avoir entendu le Président ou rapporteur : c'est généralement le Président qui porte la parole quand le comité a conclu en faveur de la ratification ; dans le cas contraire, c'est le rapporteur. Mais tandis que partout ailleurs, les affaires internationales sont discutées

1. De Noailles, *Cent ans de république aux Etats-Unis*, tome I.

ouvertement dans les Assemblées, le Sénat américain ferme ses portes et se constitue en séance secrète (1).

Aujourd'hui que les indiscrétions de le presse ne permettent plus guère à la diplomatie d'avoir des secrets ou en tout cas de les garder longtemps, cette précaution du Sénat américain peut paraître surannée. Il faut reconnaître toutefois qu'elle présente certains avantages ; les sénateurs gardent ainsi une pleine liberté d'appréciations et de langage sans risquer de froisser l'amour-propre ou les susceptibilités des autres puissances ; les passions populaires, mises à l'écart, ne troublent pas les consciences et n'influent que de loin sur les décisions ; enfin le défaut de publicité permet un examen plus clair et plus complet des questions diplomatiques.

On a pourtant dit que le Président, à qui le Sénat réuni « en session exécutive » ferme ses portes comme au public, était placé dans une situation inférieure et se trouvait réduit au rôle de « serviteur conférant avec son maître » (2). M. de Noailles refute admirablement cette objection : « La Constitution américaine, dit-il, a créé « principalement des pouvoirs négatifs : elle abonde en « dispositions permettant aux divers détenteurs de l'au-« torité d'avoir prise les uns sur les autres. Certes le « procédé a ses inconvénients. Mais le Président n'est

1. Le Sénat peut modifier un traité et, une fois corrigé, en faire retour au Président ; il l'a fait quelquefois. Rien ne s'oppose non plus à ce qu'il lui propose un traité rédigé par lui où à ce qu'il lui demande d'en préparer un : mais ce n'est pas la pratique habituelle.

2. Woodrow Wilson, *Congressional Gouvernement*, p. 233.

« pas plus le serviteur très humble du Sénat, que le Con-
« grès entier ne l'est lui-même du Président, lorsque ce
« dernier, s'appuyant sur une faible minorité parlemen-
« taire (le tiers plus une des voix dans une seule Cham-
« bre) repousse au moyen du veto les mesures adoptées
« par la grande majorité des législateurs. La Chambre
« est-elle l'esclave du Sénat ou réciproquement, quand
« l'une des deux Assemblées exerce son droit absolu de
« rejeter les lois votées par l'autre. Les trois pouvoirs que
« la Constitution a voulu égaux, ne sauraient l'être dans
« le sens d'une égalité permanente et parfaite. S'ils se
« faisaient constamment équilibre, le mécanisme gouver-
« nemental s'arrêterait net, comme à un point mort. La
« balance doit nécessairement pencher d'un côté, et l'un
« des pouvoirs l'emporte. Seulement elle ne penche pas
« toujours dans le même sens, et les trois pouvoirs l'em-
« portent tour à tour. Chacun a ses intermittences de
« force ou de faiblesse ; l'égalité entre eux n'est qu'une
« égalité de compensations successives. Les luttes et les
« conflits résultant du système ne se terminent jamais
« par une défaite irrémédiable : le vaincu d'aujourd'hui
« peut devenir le vainqueur de demain. Parce que l'avan-
« tage reste au Sénat refusant de ratifier un traité, la
« raison ne paraît pas suffisante pour conclure que le
« Président est réduit en servitude (1) ».

Le Sénat doit-il être consulté pendant tout le cours des

1. De Noailles, *Cent ans de république aux États-Unis*, tome 1.

négociations, ou seulement lorsque le projet de traité est
prêt et définitif ? C'est là une question que la Constitution
fédérale n'a pas résolue. Le Président est donc libre d'employer l'un ou l'autre procédé.

D'une manière générale, la meilleure politique pour
lui est de tenir les chefs de la majorité du Sénat, et, en
particulier, le comité des affaires étrangères, au courant
des négociations pendantes. Il connaît aussi l'état d'âme
du Sénat. Suivant expression de Byle il tâte le pouls de
la haute Assemblée. Cette assemblée, comme d'autres, a
son amour-propre ; elle aime à s'entourer de renseignements et à conquérir le plus d'autorité possible. De cette
façon, il la maintient en bonne humeur et peut prévoir
quelle sorte d'arrangement elle sera le plus disposée à
sanctionner : il évite de plus de s'engager à la légère et
de voir plus tard ses avances personnelles désapprouvées
et rejetées par la Chambre haute.

Si c'est là, pour le Président, le meilleur procédé, il
faut reconnaître qu'il ne l'a pas toujours suivi. Il est
arrivé, en effet, plusieurs fois que le Président, non seulement n'a pas tenu le Sénat au courant des négociations
entamées, mais qu'il a encore outrepassé ses pouvoirs en
consentant à ce que l'exécution de certains traités com-
mençât avant que la Chambre haute eût donné sa ratification. C'était dans son esprit un moyen d'influencer le
Sénat et de peser sur sa décision : le Président espérait
probablement, en agissant ainsi, que la haute Assemblée,
se trouvant en présence d'un fait accompli, n'oserait pas,

pour éviter des complications diplomatiques, refuser son approbation, comme elle aurait pu le faire si le traité n'avait déjà reçu un commencement d'exécution. C'était méconnaître les droits du Sénat. Aussi celui-ci, soucieux à bon droit de maintenir sa prérogative, n'a pas craint, dans plusieurs cas de ce genre, d'infliger un démenti au Président en considérant omme non avenus les engagements qu'il avait contractés au mépris des dispositions formelles de la Constitution fédérale.

On cite notamment deux cas où la Chambre haute s'est montrée inflexible.

Le Président Grant avait négocié avec le Danemark l'acquisition des îles danoises Saint-Thomas et Saint-Jean. Les habitants de ces îles, consultés par voie de suffrage, s'étaient prononcés pour l'annexion : le roi de Danemark les avait deliés du serment de fidélité et les agents des Etats-Unis étaient déjà mis en possession de l'île Saint-Thomas. Le Sénat américain, non consulté jusque-là, ne tint aucun compte des faits accomplis et n'accorda pas son consentement, en dépit des représentations diplomatiques du Danemark.

Le Sénat résista encore au Président à propos du traité signé par le général Grant et qui stipulait l'annexion aux Etats-Unis de la République de Saint-Domingue. En vertu d'un protocole séparé, le Président s'était personnellement engagé à employer toute son influence pour obtenir la ratification du Sénat : il ne put triompher de la résistance de la haute Assemblée.

Un traité ne peut donc recevoir son application qu'après la ratification du Sénat, qui est elle-même suivie de l'approbation du Président qui appose sa signature au bas du traité : ce dernier fait alors partie intégrante de la loi du pays, suivant l'energique expression employée par les tribunaux des Etats-Unis.

Que faut-il penser de cette intervention du Sénat fédéral dans la confection des traités ?

Le contrôle de la politique étrangère par le Sénat ne donne pas lieu aux mêmes difficultés que celles que rencontrent, dans leurs rapports avec les autres puissances, tous les Etats libres. Lorsque chaque mesure à prendre doit être au préalable soumise à l'Assemblée gouvernante la nation est obligée de se découvrir tout entière, et des opportunités précieuses peuvent être perdues de gagner un allié ou de conclure un traité. Il est vrai, d'autre part, que, lorsque le pouvoir exécutif est autorisé à diriger les négociations en secret, on court le risque soit de voir l'assemblée, appelée à ratifier, désavouer ce qui a été fait, ce qui rend les Etats étrangers méfiants à bon droit et peu disposés à négocier dans l'avenir, soit d'obliger la nation, qui se considèrera comme liée dans son honneur par ses agents exécutifs, à rectifier des engagements qu'elle condamne dans son for intérieur. Mais il faut dire que la participation à peu près quotidienne du Sénat américain dans les négociations, diminue ces difficultés, parce qu'elle permet au pouvoir exécutif de

prévoir la décision de la Chambre haute et qu'elle lie d'a-
vance cette Assemblée.

D'autre part, la nécessité de la ratification du Sénat
fédéral pour rendre un traité exécutoire et valable donne
au gouvernement la faculté de se retirer dans le cas où
l'accord intervenu ne lui paraîtra pas suffisamment avan-
tageux. Ce procédé n'est pas cependant toujours du goût
des autres puissances et en 1819 l'Angleterre n'hésita pas
à manifester son mécontentement, lors du rejet par le
Sénat américain du traité Reverdy Johnson.

Les hommes d'Etat d'Europe pourront se demander ce
que deviennent, dans un tel système, l'audace et la promptitude si utiles dans la politique étrangère pour réussir
un heureux coup et comment une politique pourra se
maintenir uniforme si le Président du comité des affaires
étrangères constitue une sorte de second secrétaire de ce
ministère. Les problèmes que le ministère des affaires
étrangères aux Etats-Unis a le devoir de résoudre étaient
jusqu'à ces dernières années moins nombreux et généralement beaucoup plus simples que ceux de l'ancien Monde.
Les visées de la République ne dépassaient pas l'Atlanti-
que, et ce ne fut pas un des moindres mérites du Sénat
fédéral que d'avoir, grâce à ce système de contrôle, tenté,
en éloignant le pouvoir exécutif de projets aux résultats
incertains, de diminuer le goût de la nation pour les entreprises lointaines et d'empêcher le pays de s'embarrasser,
au-delà de ses frontières, d'alliances, de protectorats, de

responsabilités de toutes sortes. Il semble aujourd'hui que cette sage politique soit abandonnée.

Entièrement différente est la situation de l'Angleterre, par exemple, entourée en Europe de voisins puissants, possédant un empire aux Indes, et des colonies éparses dans le monde entier. Et cependant toute différente que soit cette situation, un jour viendra peut-être ou l'on examinera s'il n'y aurait pas avantage à limiter dans le domaine de la politique extérieure la puissance aujourd'hui absolue du pouvoir exécutif (1).

Section II. — Attributions législatives.

Le Sénat fédéral des Etats-Unis de l'Amérique du Nord a, à peu de choses près, les mêmes attributions législatives que la Chambre des Représentants. Le vote des bills s'y passe de la même façon et avec la même procédure. Tout bill proposé est soumis à l'Assemblée en première et deuxième lecture, puis est renvoyé à une commission qui l'étudie, le transforme, l'amende et le renvoie devant le Sénat qui, ordinairement, le vote ou le réjette en bloc, sans presque jamais y apporter de modifications.

1. Bryce, *La République américaine.*

Telle est la procédure courante, sur laquelle il n'y a rien de bien particulier à signaler.

Un seul point distingue esssentiellement les attributions législatives des deux Chambres du Congrès ; ce sont les lois de finances.

Les bills de finances sont de deux sortes : ceux qui établissent des impôts en vue de créer des ressources et ceux qui affectent les fonds publics aux diverses dépenses du gouvernement (1).

La manière dont ces deux genres de bills sont votés, diffère sensiblement de celle qui est en usage dans la plupart des pays européens. En Angleterre notamment, à laquelle l'Amérique est plus facilement comparée, quoique l'établissement des impôts et l'affectation des ressources soient absolument sous le contrôle de la Chambre des Communes, celle-ci n'a en ces matières, aucun droit d'initiative. Elle ne vote jamais de crédits et ne propose jamais d'impôts qu'à la requête de la Couronne. Une fois par an, le chancelier de l'Echiquier dépose devant elle, en même temps qu'un état détaillé des recettes et des dépenses des douze derniers mois, l'évaluation des dépenses pour l'année future et développe les moyens d'y pourvoir, soit au moyen d'impôts, soit au moyen d'emprunts. Il donne à ses observations la forme de propositions, quand la Chambre des Communes les a

1. Actuellement le Congrès se procure toutes les ressources, dont il a besoin au moyen d'impôts indirects et surtout de droits de douane et de régie.

acceptées on rédige des bills créant des impôts ou autorisant un emprunt : ce n'est donc pas à la Chambre des Communes qu'appartient, comme on le voit, le droit d'initiative en matière de lois de finances.

Il en est tout autrement aux États-Unis où, seule, la Chambre des Représentants a le droit d'initiative et de priorité en matière de bills financiers. M. Bouteny nous dit à ce sujet : « Le texte constitutionnel originairement « proposé dans la Convention de Philadelphie établis- « sait que les bills « for raising or appropriating money », « c'est-à-dire tant les bills de recettes que les bills de « dépenses, passeraient d'abord par la Chambre. Le « texte finalement adopté ne laissa subsister ce privi- « lège que pour la première catégorie de bills « for rai- « sing revenue ». Néanmoins l'usage, aussi ancien que « la Constitution elle-même, est de présenter en pre- « mier à la Chambre des Représentants non seulement « les bills de recettes, mais tous les bills généraux d'ap- « propriation. La pratique a donc restauré dans son « entier, au profit des représentants, le droit de prio- « rité qu'une disposition expresse et calculée ne leur « avait accordé qu'en partie » (1).

Après que la Chambre des représentants les a votés, les bills vont devant le Sénat, qui ne peut pas proposer de nouveau crédits, mais qui a depuis longtemps proclamé son droit d'amendement, dont il use largement du reste.

1. Boutmy, *Etude de droit constitutionnel.*

Quoiqu'on ait refusé au Sénat le droit d'initiative et de priorité des bills financiers, pour le réserver aux représentants directs du peuple, il faut reconnaître que la haute Assemblée joue néanmoins un rôle beaucoup plus important et beaucoup plus efficace en cette matière que la Chambre des Représentants. Pour se rendre compte de cette anomalie, il est nécessaire d'examiner ce qui se passe en pratique.

La Chambre des représentants, après avoir passé un bill financier, l'envoie au Sénat qui presque toujours l'amende, y ajoute des articles, élève le total des subventions, le transforme complètement en un mot (1). Lorsque ce projet retourne devant la Chambre, il est de mode que celle-ci le rejette en bloc, sans même se donner la peine d'examiner les amendements proposés par le Sénat, devant lequel le bill retourne une seconde fois, et qui naturellement, maintient ses modifications. Pour trancher la difficulté, chaque chambre désigne trois de ses membres qui, réunis, composent une commission de conciliation : cette commission rédige en secret une transaction, puis la soumet, accompagnée d'un rapport, aux deux Chambres du Congrès. « Croit-on, dit M. Bout- « my, qu'à ce moment une discusion de détail s'engage « à la Chambre ? Point du tout. Aux termes des règle- « ments en vigueur dans les deux Chambres du Congrès,

1. La Chambre des représentants a l'habitude de rogner tous les crédits nécessaires au gouvernement pour les affecter surtout aux dépenses ayant un but électoral.

« aucune motion, tendant à *amender* les conclusions du
« rapport, ne peut être reçue et mise aux voix par le
« président. La Chambre, comme le Sénat, doit accepter
« ou rejeter le tout, tel qu'il est sorti de la délibération
« de la Conférence de conciliation ».

Dans la pratique, la Chambre des représentants finit
toujours par accepter à contre-cœur la transaction proposée. Si, par exception, elle la refuse, une nouvelle
conférence se réunit, fait un nouveau rapport, et, cette
fois, il est bien difficile que la Chambre, pressée par le
temps, ne cède pas, surtout si elle se trouve dans les
derniers jours de sa session, pendant lesquels elle est
accablée de travail.

On voit donc l'immense avantage que retire le Sénat
de cette façon de procéder. En effet, alors que toutes les
résolutions votées par la Chambre sont examinées
sérieusement et efficacement au Sénat, celles votées par
ce dernier ne le sont pas en général à la Chambre des
Représentants. D'autre part, dans la commission de conciliation formée de trois sénateurs et de trois députés, il
est facile de constater que l'avantage reste toujours aux
membres de la Chambre haute, qui n'ont qu'à montrer
un peu de ténacité pour que la majorité des modifications recommandées par le Sénat soient conservées dans
le texte, dit de conciliation, que les représentants seront
faute de temps, amenés à ratifier (1).

1. La situation inférieure de la Chambre des représentants en ces
matières ressemble beaucoup à la situation faite au Sénat français

Il est intéressant de remarquer ici que, dans le règlement, aucun article ne figure concernant la clôture des débats, aussi bien en matière de bills financiers que de bills ordinaires (1): aucun non plus ne limite la longueur des débats ou des discours. Le Sénat est fier d'avoir fonctionné jusqu'à ce jour sans l'aide d'une réglementation à ce sujet. Ce résultat est dû au petit nombre des membres de l'Assemblée et surtout au sentiment de respect de soi-même dont les sénateurs sont pénétrés et à l'importance qu'ils attachent à l'opinion de leurs collègues. Un homme qui connaît ses collègues intimement est retenu par la crainte d'autrui : il a le sentiment que son propre intérêt lui ordonne de garder intacte l'autorité morale de la Chambre, et il hésite à se laisser aller à des procédés qui pourraient le diminuer dans l'opinion publique. Jusqu'à ces derniers temps, l'obstruction systématique, ou, comme on dit en Amérique, la « méthode de flibustier », familière à la Chambre des représentants, était à peu près inconnue dans l'atmosphère plus calme du Sénat. Lorsqu'il y a quelques années, les sénateurs du parti démocratique proposèrent le rejet d'un bill auquel ils s'opposaient avec énergie, leur attitude ne fut pas blâmée par le pays : Tout le parti, une mino-

qui, recevant presque toujours le budget voté par la Chambre des députés dans les derniers jours de la session, est obligé de le voter en hâte pour ne pas rendre inévitable l'expédient des douzièmes provisoires.

1. Une tentative dans ce sens a cependant été faite par Henry Clay, elle a été renouvelée en 1890.

rité guère moins importante que la majorité républicaine,
l'approuva, et le peuple eut la conviction qu'il devait y
avoir en faveur cette attitude les raisons les plus sérieu-
ses. La majorité s'en rendit également compte, et céda.

Pour terminer ce chapitre relatif aux attributions législatives du Sénat fédéral, il est nécessaire, croyons-nous,
de dire quelques mots du veto que le Président de la
République peut opposer aux mesures législatives prises
par la Chambre haute, aussi bien du reste que par la
Chambre des Représentants.

D'après la Constitution fédérale, le Président des États-
Unis a un droit de veto qui lui permet de s'opposer à la
passation de bills votés par l'une ou l'autre chambre. Le
bill frappé de veto retourne aussitôt devant les Chambres
et n'est passé définitivement que si une majorité des
deux tiers plus un des membres de chaque assemblée,
vote en sa faveur. Le veto du président de la République
doit donc, pour produire son plein effet, être soutenu
par les deux tiers au moins des membres du Congrès.

Si, par le veto que lui donne la Constitution, le Président peut s'opposer, comme nous venons de le voir, à la
passation des bills, il est également loisible au Congrès
de voter des bills enjoignant au Président ou à quelques-
uns de ses ministres de faire ou de s'abstenir de faire
certains actes, laissés jusqu'à ce jour à leur appréciation.
Le Président opposera probablement son veto à de tels
bills, comme contraires à la saine politique administrative. Si toutefois il les signe, où si le Congrès passe par

dessus son veto, la question peut se poser de savoir s'ils sont dans les limites des attributions constitutionnelles du Congrès, ou s'ils sont, au contraire, frappés de nullité comme empiétant sur le pouvoir discrétionnaire donné par la Constitution au chef du gouvernement exécutif. Lorsque le Président ou un de ses ministres objectent leur caractère inconstitutionnel et refusent de s'y conformer, le seul moyen de trancher la question est de saisir la Cour suprême, comme il est fait chaque fois qu'un point de droit est contesté. Cette procédure n'est cependant pas toujours possible. A supposer qu'elle le soit, et que la Cour suprême se prononce contre le Président, il reste encore à ce dernier la faculté du refus d'obéissance et le Congrès n'a plus alors à sa disposition qu'un seul moyen, la mise en accusation que nous allons étudier.

Section III. — Attributions judiciaires.

Quelles personnes peuvent être décrétées d'impeachment par la Chambre des Représentants et pour quels délits peuvent-elles être traduites devant la Chambre haute ? Telle est la première question que nous allons examiner.

« Le Président, le vice-président et tous les fonction-
« naires civils des Etats-Unis seront destitués de leurs
« fonctions au cas où, décrétés d'impeachment, ils seront

« convaincus de trahison, de corruption, ou d'autres
« grands délits. » Tels sont les termes mêmes de la Constitution fédérale (art. II, section IV).

En dehors du Président et du vice-président qui sont
nettement désignés, il faut donc, pour être passible d'impeachment, réunir deux conditions : être fonctionnaire
des États-Unis et fonctionnaire civil. Le mot fonctionnaire
signifie toute personne nommée à un emploi public dans
l'État par le pouvoir exécutif et ne s'applique pas aux
fonctions électives : c'est ainsi qu'un sénateur fut acquitté, faute de juridiction compétente pour le juger, le
Sénat n'ayant pas considéré le mandat du sénateur comme
une fonction publique, dans le sens de l'article II, section
IV de la Constitution fédérale. Il suit encore de ce texte
qu'un simple citoyen, non fonctionnaire, ne pourrait pas
comparaître devant la Chambre haute : le cas, du reste,
s'est présenté pour un ministre, secrétaire de la guerre,
qui avait résilié ses fonctions avant d'être décrété d'accusation : il fut acquitté pour ce motif qu'étant un simple
citoyen, il ne pouvait être poursuivi devant le Sénat.

Il faut de plus, avons-nous dit, être fonctionnaire civil.
Cette disposition exclut donc tous les militaires. M. de
Noailles nous dit à ce sujet : « La mise en accusation de-
« vant le Sénat a-t-elle pour but de préserver l'État d'un
« péril soudain, on peut s'étonner que les officiers de
« l'armée n'y soient point soumis. Pourquoi admettre
« une exception en faveur de ceux par qui les républiques
« se croient surtout menacées ? Faut-il voir simplement

« dans cette procédure, d'après l'opinion de Toqueville,
« une sorte de mesure administrative, destinée à frap-
« per de déchéance, sous des formes solennelles, un fonc-
« tionnaire indigne ou incapable, l'exception se comprend
« mieux. L'officier est laissé au contrôle exclusif de ses
« supérieurs hiérarchiques, seuls juges compétents de sa
« conduite et de ses capacités. Mais l'on ne s'explique
« pas alors la nécessité de mettre en branle la lourde et
« encombrante machine de l'impeachment pour révo-
« quer des fonctionnaires civils, dont la totalité, sauf le
« corps judiciaire fédéral très peu nombreux, était si fré-
« quemment changée du même coup naguère encore que
« la « rotation » perpétuelle des emplois, suivant le
« terme consacré, passait précisément pour être l'une
« des plaies incurables de l'Amérique. Et, en effet, depuis
« l'origine jusqu'à ces dernières années, quatre fonc-
« tionnaires fédéraux seulement, et tous juges inamovi-
« bles, ont comparu devant le Sénat (1). »

De ces quatre juges fédéraux, deux furent acquittés,
et deux condamnés, l'un pour violences et habitudes
d'ivrognerie, l'autre pour avoir pris parti en faveur des
Sécessionistes en 1861.

Si la disposition de la Constitution fédérale est assez
nette en ce qui concerne les personnes soumises à l'im-

1. Ce furent : John Pickering, juge du district de New-Hampshire (1803-1804). — Samuel Chase (1804-1805). — James Peck,
juge du district de Missouri (1826-1831). — Humpheys, juge du
district de Tennessee (1862).

peachment, il n'en est pas de même en ce qui concerne les délits prévus. « Trahison, corruption ou autres grands crimes et délits. » Les deux premiers termes offrent à la rigueur une signification suffisante : ceux qui suivent sont très vagues et prêtent aux interprétations les plus arbitraires.

Quels sont en effet ces « autres grands crimes et délits » ? Faut-il entendre par là les crimes et délits de droit commun, soumis à la loi pénale ordinaire ? Ou bien, cette expression vise-t-elle les actes politiques seulement, qui ne sont pas du ressort des tribunaux ordinaires ?

Presque tous les commentateurs de la Constitution et même quelques-uns de ses fondateurs ont admis cette dernière interprétation.

D'après Hamilton, la juridiction d'impeachment s'étend aux fautes de conduite et aux abus de pouvoir que commettent les hommes publics dans l'exercice de leurs fonctions (1).

« Les crimes ou délits d'Etat atteints par l'impea-
« chment présentent des cas non prévus par la juridic-
« tion civile ordinaire, dit également Story : la crimina-
« lité de tels actes se définit par d'autres principes et doit
« être appréciée à des points de vue différents » (2).

Citons encore l'exposé très net donné par Curtis dans son *Histoire constitutionnelle des Etats-Unis*. « Bien qu'une
« cause d'impeachment puisse soulever la question de

1. *The Federalist.*
2. Story, *Commentaires,* tome I.

« savoir si une loi positive a été enfreinte, néanmoins ce
« n'est pas un procès criminel au sens étroit du mot.
« En effet, lorsqu'un crime ou un délit formel est imputé
« à un fonctionnaire public, on n'a nul besoin de recou-
« rir à un tribunal d'exception, afin d'infliger au coupa-
« ble les peines édictées par les lois, puisque les fonc-
« tionnaires, comme tous les autres citoyens, sont justi-
« ciables des tribunaux ordinaires pour les crimes et
« délits de droit commun. L'accusation par impea-
« chment ne reste pas subordonnée aux dispositions
« pénales des statuts ou de la législation générale. C'est
« une procédure particulière, ayant pour objet de véri-
« fier s'il convient de priver un fonctionaire public de sa
« charge. Elle peut être motivée par ce fait que, soit dans
« l'exercice de ses fonctions, soit en dehors, l'accusé ait
« transgressé une loi, ou commis un acte qualifié crime
« ou délit, dans l'acception technique du terme; mais
« des raisons suffisantes de destitution peuvent exister
« aussi, sans qu'aucune loi expresse ait été violée, lors-
« que, par exemple, un fonctionnaire public, par incapa-
« cité ou mauvaise gestion, s'est montré impropre à occu-
« per son poste. Les règles qui doivent déterminer les
« cas d'impeachment sont donc toutes spéciales, et ne
« sauraient être totalement comprises dans les principes
« et les prescriptions des lois appliquées par les tribu-
« naux ordinaires. »

Donc, d'après toutes ces opinions, la généralité des
termes « autres grands crimes et délits » laisserait en

réalité au Sénat une latitude complète et un pouvoir presque discrétionnaire.

Lors du procès du président Johnson, ce fut cette interprétation qu'adoptèrent les accusateurs. Johnson, vice-président des Etats-Unis, remplissait à ce moment les fonctions de Président, par suite de l'assassinat de Lincoln.

Il avait été décrété d'impeachment pour avoir révoqué de sa seule autorité le secrétaire d'Etat de la guerre, Edwin Stanton, malgré la loi « an act regulating the tenure of certain civil offices » qui interdisait au Président de révoquer uu membre de son cabinet sans le consentement sénatorial.

L'accusation soutenait que le Sénat avait les attributions les plus larges et devait connaître de tous les délits politiques, sans exception : si les constituants, disaient-ils, avaient inscrit les termes vagues « autres grands crimes et délits » dans la Constitution, c'était à dessein, parce qu'ils avaient très bien compris qu'il était impossible de donner une énumération nette et détaillée des crimes par lesquels « la corruption ou la folie des gouvernants peuvent compromettre les libertés du peuple ».

La défense, au contraire, soutint une thèse tout opposée. Selon elle, les mots « autres grands crimes et délits » placés à la suite des mots précis « trahison et corruption » devaient s'entendre par assimilation, dans le même sens étroit d'attentats contre le gouvernement national. Elle prétendait de plus, qu'il fallait, pour que le Sénat

puisse prononcer une condamnation,que le délit ou crime
fût spécifié dans une loi du Congrès ainsi que la peine
qu'il devait entraîner.

Le Sénat fédéral ne se rangea définitivement à aucune
de ces deux doctrines : encore aujourd'hui la solution
reste indécise. Et cependant, si jamais procès politique
devait aboutir, c'était bien celui d'André Johnson : la
nation presque tout entière était hostile au Président
qu'elle accusait sourdement de complicité morale dans
l'assassinat de Lincoln : de plus, la terrible guerre de
Sécession venait à peine de prendre fin et le pays, plongé
dans des divisions profondes, reprochait amèrement à
Johnson sa modération envers les vaincus, les Etats du
Sud. De plus le Sénat était ouvertement hostile au Président : plusieurs fois déjà, à une majorité des deux tiers
de ses membres, il avait condamné sa politique en donnant force de loi aux bills frappés du vote présidentiel.
Cette même majorité, nécessaire pour prononcer une
condamnation, se trouvait donc constituée à l'avance.

Enfin les passions populaires grondaient à la porte du
tribunal, et, suivant l'expression de Thomas Williams,
l'un des commissaires de la Chambre, quarante millions
de voix criaient au Sénat « condamnez » : il acquitta,
prouvant une fois de plus qu'il savait mettre de côté toute
haine politique et toute passion momentanée pour s'ef-
forcer de rendre un verdict équitable et exempt de tout
reproche aux yeux de l'histoire.

En cas de condamnation, quelles sont les peines que le Sénat a la possibilité d'appliquer ?

L'impeachment ne comporte pas de pénalité proprement dite. Il ne peut entraîner que la déchéance et la disqualification du coupable, déclaré impropre « à remplir aucun emploi d'honneur, de confiance ou de profit dans le gouvernement fédéral » (1).

Quelle est la raison de cette disposition ? Nous croyons voir là une preuve de la sagesse des Constituants de Philadelphie. Il aurait pu arriver en effet, qu'ayant le droit de prononcer des peines proprement dites, le Sénat se fût laissé entraîner par les passions et les entraînements politiques du moment à prononcer des peines tout à fait disproportionnées au délit. La Convention de Philadelphie a prévu les abus qui pourraient se produire dans l'avenir et a donné au Sénat le seul droit de décider si l'accusé conserverait ou non ses fonctions.

Quoi de plus naturel en effet ? La chambre des Représentants traduit devant le Sénat, un fonctionnaire accusé par elle d'avoir mal rempli ses fonctions : le Sénat, chargé de la mission de veiller à la bonne gestion des affaires publiques, reconnaît le bien fondé de l'accusation et révoque le fonctionnaire. L'intérêt général ne se trouve-t-il pas suffisamment sauvegardé ? Des intérêts privés ont-ils été atteints, le fonctionnaire, condamné par le Sénat, pourra être jugé ensuite et puni par les

1. Article 1er, section III, de la Constitution.

tribunaux ordinaires, dans toutes les conditions d'impartialité requises et avec toutes les formes tutélaires des
lois. En cas d'absolution par la Haute-Cour, il ne pourra
plus être poursuivi pour les mêmes faits devant aucune
juridiction.

Comme nous l'avons vu plus haut, ce qu'il y a de vrai-
ment remarquable dans ce système, c'est la séparation
profonde qu'il établit entre la justice politique et la justice
de droit commun : « En Amérique, dit M. Laboulaye,
« on a senti qu'il y avait un danger immense à remettre
« la justice criminelle entre les mains d'un corps politi-
« que ». Or on a voulu renfermer la juridiction du Sénat
dans d'étroites limites, en ne lui accordant que le droit
de prononcer des peines qui atteignent l'homme public
sans toucher à l'homme privé. Cette distinction fondamen-
tale a permis à la Constitution américaine de n'avoir de
tribunal spécial, que pour les délits politiques et de n'en
créer aucun en matière de droit commun.

Il faut bien dire cependant que ce système présente
certains inconvénients. Supposons, par exemple, que le
fonctionnaire poursuivi devant le Sénat ait été déclaré
coupable et par suite révoqué. Il va tomber, ensuite, s'il
y a des intérêts particuliers engagés, sous le coup de la
justice ordinaire : alors, de deux choses l'une ; ou le
juge de droit commun, après cette révocation, sera *tenu*
d'appliquer la peine édictée par les lois ordinaires et
alors c'est en réalité la Chambre haute qui juge : ou bien
il restera au contraire libre de sa sentence et alors quel

préjugé la décision de la Chambre haute ne fera-t-elle pas peser sur son jugement? Si, cependant, il acquitte, quelle contradiction entre les deux juridictions !

A un autre point de vue encore, ce système nous paraît imparfait. Si l'impeachment, en effet, protège suffisamment l'Etat contre les attentats des ministres ou des fonctionnaires, il ne garantit pas la société contre ceux des particuliers : il est inapplicable en effet aux grands attentats commis contre l'Etat par des coupables non fonctionnaires. Il en laisse la connaissance au juge de droit commun qui, souvent, sera trop faible et, comme on l'a dit, trop local pour dominer de haut et réprimer sans peur comme sans excès ces vastes complots contre la société.

M. de Noailles, dans son ouvrage « Cent ans de République aux Etats-Unis », nous signale enfin un troisième inconvénient, spécial au Président de la République. « Le « recours contre le Président, dit-il, soulève des objec- « tions d'ordre supérieur. Le Président des Etats-Unis « est le chef élu du peuple, le dépositaire de l'un des « trois grands pouvoirs, respectivement égaux devant la « loi constitutionnelle et relevant au même titre de la « souveraineté populaire. Tout ce qui tendrait à faire du « premier magistrat de la république le jouet des majorités « de passage, suivant les paroles mêmes du sénateur « Fessenden, tendrait à détruire le Gouvernement. Les « Assemblées ne doivent pas prendre le moyen détourné « d'un jugement politique pour avoir mainmise sur

« l'exécutif et assurer leur propre suprématie. Sauf le
« cas d'évidence de quelque crime ou trahison extra-
« ordinaire et invraisemblable, dont les fauteurs, à la
« fois redoutables et menacés, n'auraient d'ailleurs pas
« la naïveté de se laisser mettre en accusation, et ne
« manqueraient pas de recourir à la force ouverte, le
« peuple reste le seul juge naturel entre les divers délé-
« gués de son autorité souveraine. C'est à lui qu'appar-
« tient le droit de terminer les différends, lors des
« échéances électorales, en déclarant par ses votes qui
« du Président ou du Congrès a raison. La garantie peut
« être précaire : il n'y en a pas d'autre ».

Remarquons, en terminant ce chapitre, que la procédure de l'impeachment est des plus simples. A la Chambre des Représentants seule appartient le droit de mise
en accusation : le Sénat forme seul le tribunal de jugement. Chaque sénateur appelé à siéger prête un serment
solennel, destiné à lui rappeler la haute mission qu'il
remplit et la lourde responsabilité qu'il assume. La
Chambre haute est présidée par son président ordinaire,
sauf dans le cas où l'accusé est le Président des Etats-
Unis ; en cette occurence, le Chief-Justice de la Cour
suprême prend la présidence du Sénat, dont l'organisation devient ainsi plus nettement judiciaire.

Enfin, aucun verdict de culpabilité ne peut être rendu
qu'à la majorité des deux tiers des membres présents.
L'accusé, pour être absous, n'a donc besoin que de réunir,
en sa faveur, le tiers plus une des voix sénatoriales
exprimées.

CHAPITRE V

Aux Etats-Unis de l'Amérique du Nord, la prépondérance politique appartient sans contredit au Sénat. Par ses fonctions exécutives et judiciaires, il a une situation unique dans le monde : aucun Etat de l'Europe, aucune colonie britannique, n'attribue à une assemblée élective les privilèges dont il jouit. Il est de plus actuellement un corps législatif ni moins actif, ni moins puissant que l'autre assemblée du Congrès ; ce caractère est le résultat d'une longue évolution possible, même sous l'empire de la Constitution rigide des Etats-Unis, à raison des termes vagues et généraux employés dans les chapitres concernant la compétence du Sénat.

Toutefois, il est juste de remarquer que le Sénat n'a pas toujours exercé ses nombreuses attributions avec la même ampleur que de nos jours. Pendant les premières années de l'Union on le considéra d'abord et il se considéra lui-même comme un corps investi essentiellement de la fonction exécutive, selon les traditions de l'Ancien Con-

grès de la Confédération. « Le Sénat, dit M. Boutmy, a
« commencé par être essentiellement une diète de pléni-
« potentiaires à l'imitation et par une sorte de prolonge-
« ment du Congrès Continental, et en outre un Conseil
« exécutif selon le type des Assemblées qui, sous ce même
« nom, assistaient originairement le gouverneur dans la
« plupart des colonies de la Nouvelle-Angleterre » (1).

Le Sénat, en effet, prenait si peu au sérieux ses fonctions de Chambre Législative qu'il délibérait en séance
secrète sur les questions d'ordre législatif et financier
qui, cependant, doivent être discutées au grand jour.

Mais peu à peu le Sénat a étendu le cercle de ses attributions : il ne s'est plus cantonné presque exclusivement
dans ses fonctions exécutives et il a repris sur le terrain
législatif la place qu'il avait abandonnée d'une façon à
peu près complète à la Chambre des Représentants.
Dans cette évolution il a perdu le caractère d'organe des
États particuliers, il s'est imprégné d'esprit national, et
est devenu « un centre de gravité, une autorité capable
« de corriger ou de réprimer, d'une part, la précipitation
« démocratique de la Chambre, d'autre part, l'ambition
« monarchique du Président ».

Hamilton craignait que le Sénat ne fût la branche la
plus faible du pouvoir législatif et prédisait au contraire
à la Chambre des Représentants les brillantes destinées
de la Chambre des Communes anglaise. L'expérience a

(1) Boutmy, *Etudes de Droit Continental.*

démenti ces prévisions : la Chambre dont l'infériorité semblait probable, a vu, au contraire, son influence grandir aux dépens de l'autre. Elle est très populaire et très puissante : elle a joué un rôle considérable tant au dedans qu'au dehors. « Aussi aux États-Unis, dit M. La- « boulaye, on ne voit, dans la Chambre haute, que ce « qu'elle est en réalité, la fleur de la représentation « nationale, le grand régulateur, le balancier du gouver- « nement ».

Si le Sénat a acquis cette place prépondérante aux Etats-Unis, il faut bien convenir que son succès a été mérité. Combien de preuves de sagesse en effet, n'a-t-il pas données depuis sa création ?

Au lendemain de la guerre d'indépendance, alors que tout était à organiser, il prêta un vigoureux appui à Washington et lui permit de mener à bonne fin la lourde mission qui lui était incombée. Quelques années après il calma les violentes passions des républicains, qui s'étaient donné libre carrière sous la présidence de Jefferson. Ce dernier et ses partisans étaient surtout surexcités con- tre les magistrats fédéraux dont les idées d'indépendance et d'autorité déplaisaient fort à Jefferson. La Chambre des Représentants avait suivi le courant : elle se prononça à une imposante majorité en faveur de l'accusation de M. Chase, juge à la Cour suprême. Le Sénat eut le cou- rage de résister à ces passions violentes et acquitta M. Chase.

En 1868, il donna une autre preuve de sa sagesse en

acquittant le président Johnson. Un point où l'on remarque encore l'heureuse influence du Sénat, c'est les questions financières. La Chambre des Représentants se montre parcimonieuse : le Sénat, au contraire qui, par suite de sa collaboration avec le pouvoir exécutif, connaît mieux les besoins du gouvernement, est plus large et relève presque toujours les crédits votés par les Représentants.

En ce qui concerne sa coopération, à la nomination des fonctionnaires, il faut cependant dire que le Sénat ne mérite guère d'éloges. Il subit l'influence des politiciens qui, à chaque changement de Président, se livrent à une véritable curée de places. L'intervention du Sénat, dans cet ordre d'idées, a précisément amené les inconvénients qu'il aurait surtout fallu éviter : l'instabilité dans l'administration, et des fonctionnaires s'occupant surtout de politique.

On ne peut pas lui faire les mêmes reproches en ce qui concerne la politique extérieure. Là, le Sénat a joué un rôle important. Il a presque toujours montré, dans la direction des affaires étrangères, beaucoup de modération, de sagesse et de perspicacité. Composé d'hommes de mérite et de valeur, ayant déjà occupé pour la plupart de hautes situations dans leurs États et ayant, par conséquent une grande expérience des affaires, il a toujours conduit les affaires extérieures avec tact et habilité, Il faut dire cependant que, depuis ces dernières années, il semble avoir abandonné la sagesse et la modération dont il avait fait preuve jusque-là.

Si le Sénat américain à l'encontre des Chambres hautes des divers pays d'Europe, a acquis cette autorité et cette prépondérance, il faut l'attribuer à des causes multiples: il est impossible d'en donner la véritable raison.

Une première cause réside, croyons-nous, dans ce fait qu'il doit, indirectement il est vrai, son élection au peuple. La réponse à jamais fameuse de Mirabeau dans la salle des Menus Plaisirs à Versailles « Nous sommes ici par la volonté du peuple et nous n'en sortirons que par la force des baïonnettes » est bien l'expression exacte du sentiment moderne. A l'heure, actuelle, le Sénat américain, choisi par le peuple, même par une élection indirecte, représente le peuple, et, ce qu'il peut perdre en n'étant pas en contact immédiat avec les masses, il le gagne en représentant des républiques aussi anciennes et aussi puissantes que les Etats. Un sénateur de New-York ou de Pensylvanie parle au nom de plusieurs millions d'hommes et est responsable devant eux. Est-il surprenant qu'il ait une autre autorité que les nobles de Prusse, par exemple, malgré leur longue lignée d'aïeux, ou que les pairs de la Grande-Bretagne, malgré leurs immenses domaines?

Là est la première raison de la force du Sénat comparé aux Chambres hautes des autres pays : le Sénat fédéral bâti sur la base large et solide de l'élection populaire est responsable devant la nation.

Une deuxième cause réside dans le nombre restreint de ses membres. Grâce à son effectif peu nombreux, il a acquis dans son enfance de meilleures habitudes de discussion et de travail que s'il avait été une assemblée plus importante et ces habitudes, il les a gardées dans son âge mûr.

La durée relativement longue du mandat de sénateur a eu aussi d'heureux résultats. Six ans paraissent en Europe un terme court pour une Assemblée : il en est différemment en Amérique, surtout si on les compare avec les deux ans de la Chambre des Représentants et de presque toutes les Assemblées d'Etat et avec les rapides changements de la politique dans le Nouveau-Monde.

Ces deux causes réunies, la durée longue du mandat et le nombre restreint des membres, ont donné naissance à une troisième raison de l'influence acquise par le Sénat fédéral : la supériorité intellectuelle de ses membres.

Cette supériorité, tous les critiques américains et étrangers l'ont reconnue : quelques-uns l'ont attribuée, comme Toqueville, au système d'élection à deux degrés en usage pour le Sénat. D'autres, avec plus de raison, croyons-nous, pensent que la véritable cause de cette supériorité intellectuelle réside dans l'attraction irrésistible qu'exerce cette assemblée sur les hommes les plus éminents et les plus ambitieux. Un sénateur a plus d'autorité qu'un membre de la Chambre, plus de prestige, un mandat plus long, une position plus indépendante. Aussi tout homme politique brigue un poste de sénateur et considère celui de représentant comme un marche-pied de ce qu'on peut appeler avec raison la Chambre haute, puisque les Représentants n'ont qu'un désir, celui d'y monter. Il n'est donc pas surprenant de voir la capacité moyenne du Sénat, dépasser celle de la Chambre populaire.

On a émis la crainte qu'une Assemblée si puissante et si peu nombreuse ne se transformât vite en oligarchie tyrannique.

Mais, par essence et par origine, le Sénat est le représentant des immunités et des intérêts provinciaux.

C'est lui qui, dans le gouvernement central, personnifie les doctrines décentralisées. Comment le défenseur attitré des Etats menacerait-il leur autonomie, absolument solidaire de sa propre cause, la véritable raison d'être de son existence et de sa mission (1) ?

Il est au contraire, comme on l'a dit, « l'ancre de salut de la constitution américaine » (2).

VU,
Le président de la Thèse,
ANDRÉ WEISS.

VU,
Le président,
GLASSON.

VU ET PERMIS D'IMPRIMER :
Le Vice-recteur de l'Académie de Paris,
GRÉARD.

1. de Noailles « Cent ans de République ».
2. Walke, « American Law ».

TABLE DES MATIÈRES